**SPARKNOTES**™

# 시지프 신화

## The Myth of Sisyphus

알베르 카뮈

다락원 | Spark Publishing

**SPARKNOTES™ 031**

# 시지프 신화

**펴낸이** 정규도
**펴낸곳** (주)다락원

**초판 1쇄 인쇄** 2010년 11월 11일
**초판 1쇄 발행** 2010년 11월 18일

**책임편집** 안창열
**디자인** 정현석
**번역** 최기철
**표지삽화** 손창복

**다락원** 경기도 파주시 교하읍 문발리 509-1
내용문의: (031)955-7272(내선 400)
구입문의: (02)736-2031(내선 112~114)
Fax:(02)732-2037
출판등록 1977년 9월 16일 제300-1977-23호

Copyright © 2010, 다락원



값 7,000원

ISBN  978-89-277-1980-9  43740

# 세계의 교양을 읽는다

고전을 왜 읽는가?

인간의 삶과 세상에 대한 영원한 물음이 있기 때문이다. 시대와 사상을 뛰어넘어 지금 여기 우리에게 필요한 물음이 없는 고전은 더 이상 고전이 아니다. 인간과 삶에 대한 근원적인 물음 없이 고전을 읽는다면 자신과 인간에 대한 성찰과 지혜로 이어지지 않는다. 논술 시험 때문에, 과제물 때문에, 아니면 남들이 읽으니까, 나도 읽는다는 식이라면 그 책은 죽은 책일 수밖에 없다.

고전을 살아 있는 책으로 만드는 이 '물음!'에 답하기 위해서는 좋은 길잡이가 필요하다. 오랜 기간 동안 미국의 고교생과 대학 주니어들이 시험, 에세이 작성, 심층토론 준비를 위해 바이블처럼 애용해온 'SPARKNOTES'와 'CliffsNotes'는 바로 그런 좋은 길잡이의 표본이다.

SPARKNOTES와 CliffsNotes의 가장 큰 장점은 방대하고 난해한 고전을 Chapter별로 요약하고 분석해서 원전의 내용에 보다 쉽고 체계적으로 접근하는 신속·간편성이라고 할 수 있다.

대입논술로 고민하고, 자칭 타칭의 고전이 넘쳐나는 오늘의 독서 풍토에서 지적 정복이 긴박한 대한민국 학생들에게 감히 이 시리즈를 자신있게 권한다.

一以貫之 논술연구모임 연구실장 이호곤

# 차례

# 이 책의 구성

SPARKNOTES와 CliffsNotes는 방대하고 난해한 원작을 보다 쉽게 이해할 수 있도록 돕는 안내서입니다. 여기에는 원작 이해를 돕기 위해 매 장마다 '요점 정리(또는 줄거리)'와 '풀어보기'가 실려 있습니다. '요점 정리(또는 줄거리)'에는 원저의 내용을 일목요연하게 정리해 놓아 저자가 전달하려는 내용을 어렵지 않게 파악할 수 있습니다. '풀어보기'에서는 철학서의 경우, 원저에 담긴 저자의 사상이나 관련 철학, 시대 상황, 논점 등을, 문학 작품인 경우에는 원작에 담긴 문학적 경향, 등장인물의 심리상태, 주제 등을 설명해 놓았습니다. 분석적이고 비판적인 글읽기의 바탕이 되는 요소들이죠. 비소설이나 소설을 막론하고 분석적이고 비판적인 글읽기는 독자에게 꼭 필요한 자질입니다.

그밖에도 원저를 좀더 깊이 복습해서 제대로 소화할 수 있도록 돕기 위해 'Study Questions'와 'Review Quiz' 등을 마련해 놓았습니다.

* 〈  〉는 철학서, 장편소설, 중편소설, 수필집, 시집. "   "는 단편소설, 논문
* 작품명은 독자의 이해를 돕기 위해 예외적인 경우를 제외하고는 영어식으로 표기함.

# 간추린 명저 노트

알베르 카뮈(Albert Camus. 1913-60)는 철학자라기보다는 철학적 성향을 지닌 작가라고 할 수 있다. 그가 조국 알제리의 삭막하고 황량한 분위기를 배경으로 집필한 〈이방인 *The Stranger*〉과 〈페스트 *The Plague*〉는 관념적인 소설로서 유명하다.

카뮈는 알제 대학교에서 철학을 전공하며 20세기의 주요 철학 사조인 실존주의와 현상학의 영향을 많이 받았다. 실존주의는 우주에는 미리 정해진 어떤 의미나 질서 같은 것이 없기 때문에 인간은 자신의 인생에 의미와 질서를 부여할 책임이 있다는 깨달음에 뿌리를 둔 철학 사조다. 카뮈는 실존주의 철학자들 중에서도 특히 그리스도교적 실존주의자였던 소렌 키에르케고르*에게 깊이 끌렸다. 물론, 키에르케고르를 이렇게 불러도 온당한지에 대해서는 논란의 여지가 있지만, 어쨌든 그는 인간의 경험을 통해서는 아무런 의미도 발견할 수 없기 때문에 맹목적으로 신을 믿는 비이성적인 '신앙의 비약'이 필요하다고 역설했다.

---

* **소렌 키에르케고르**(Soren Kierkegaard. 1813-55): 덴마크 철학자. 외부 세계에 대한 지식은 신과 도덕에 대한 인간의 내적 직관에 비하면 언제나 불확실하다면서 신에 대한 믿음을 추구하라고 촉구했다. 주요 저서는 〈죽음으로 이르는 병〉 등.

에드먼드 후설* 등이 지지한 현상학은 원인과 관계 등에 대해 구체적인 결론을 내리지 않으면서 인간의 의식을 관찰하고 서술하는 쪽에만 초점을 맞추고 있다. 카뮈는 실존주의와 함께 우주에는 인간의 지성으로 납득할 수 있는 합리적 체계 같은 것이 없다는 현상학의 세계관에서도 많은 영향을 받았다.

우주에는 인간의 정신이 납득할 수 있는 어떤 합리적 구조가 존재한다는 관념은 옛 유럽 철학의 특징인 소위 '합리주의(rationalism)'인데, 대체로 르네 데카르트**로부터 출발했으며 근대 철학의 시발점이 되기도 했다. 20세기 유럽의 철학 사조들은 대부분 합리주의에 대한 반발에서 비롯되었다.

〈시지프(시시포스) 신화 *The Myth of Sisyphus*〉는 카뮈가 조국 알제리를 떠나 파리에서 레지스탕스에 가담했던 제2차 세계대전 초기, 첫 소설 〈이방인〉과 함께 집필했다. 〈시지프 신화〉에 내포된 관념들을 작가의 출생, 성장 환경, 경력 등의 관점에서만 이해하려고 드는 것은 잘못이겠으나

---

* **에드먼드 후설**(Edmund Husserl, 1859-1938): 독일 철학자, 현대 현상학의 창시자. 우리 삶의 방향을 설정하고 삶의 정당성을 결정하는 것은 더 이상 신화·종교·이데올로기가 아니라 다가오는 현실에 대한 투명한 접근인 학문이어야 한다고 주장했다. 주요 저서는 〈유럽 학문의 위기와 선험적 현상학〉 등.

** **르네 데카르트**(Rene Descartes, 1596-1650): 프랑스 철학자, 수학자, 물리학자. 신적 초월성을 주장한 중세적 사고에서 벗어나 '인간'에게 의미를 부여하기 시작한 근대 철학에 중요한 인식론적 기반을 제공했다. 주요 저서는 〈방법서설〉, 〈제일철학에 대한 성찰〉 등.

집필 당시 그의 상황을 고려해 본다면, 머나먼 타향 파리에서 타도가 거의 불가능해 보이는 광기어린 히틀러의 독재세력에 맞서 싸우던 그가 인간의 곤경을 귀양살이로 은유한 것이나, 삶을 무의미하고 헛된 투쟁이라고 느낀 점 등에 대해 공감할 수 있을 것이다.

〈시지프 신화〉의 핵심 주제는 카뮈가 '부조리(the absurd)'라고 부르는 관념이다. 카뮈는 인간이 우주로부터 원하는 것(그것이 의미, 질서, 또는 이유이든 간에)과 우주로부터 찾아내는 것(무형의 혼돈) 사이에는 근본적인 대립 관계가 존재한다고 주장했다.

인간은 그토록 찾고자 하는 삶의 의미를 삶 자체에서는 찾지 못하고 이 세계를 초월한 어떤 신에게 희망을 두는 '신앙의 비약'을 통해 찾거나, 아니면 삶이 무의미하다는 결론에 도달한다는 것. 따라서 "삶이 무의미하다면 자살할 수밖에 없는가?"라는 물음으로 논의를 전개해 나가기 시작하는 카뮈는 인생이 무의미해서 살 만한 가치가 없다는 것이 사실이라면, 인간은 신앙으로 도피하거나 자살 이외에는 다른 선택이 없다면서도 세 번째 가능성, 즉 의미나 복적 없는 세상을 받아들이고 그 속에서 살아갈 수 있는 방식을 모색하려고 한다.

부조리란 해결될 수 없는 어떤 모순인데, 그것을 해결하려는 시도 자체가 이미 부조리로부터의 도피다. 즉 부조리와 대면하는 것은 부조리와 투쟁하는 것이다. 키에르케고르, 레프 셰스토프*, 카를 야스퍼스** 같은 실존주의 철학자들이나 후설 같은 현상학 철학자들은 부조리에 직면하자 도피하려 애썼고, 실존에서 아무런 의미나 질서를 발견하지 못한 실존주의 철학자들은 바로 그 무의미에서 어떤 부류의 의미나 초월성을 찾으려고 했다.

부조리와 함께 살아가는 것은 부조리라는 근본적인 모순에 맞서면서 끊임없이 자각하는 것이다. 부조리와 맞서면 자살로 이어지는 것이 아니라 오히려 삶을 가장 충만하게 살 수 있다.

부조리한 삶에는 세 가지 특징, 즉 반항, 자유, 열정이 있다. 반항은 부조리에 맞서는 투쟁에서 결코 답을 받아들이거나 조화를 모색하지 않는 것이며, 자유는 조금의 양보도 없이 원하는 대로 생각하고 행동하는 것이고, 열정은 풍부하고 다양한 경험을 하는 것이다.

부조리한 삶의 네 가지 유형은 순간의 열정을 추구하는 바람둥이, 수백 가지 열정적인 삶을 무대에서 압축해 보여주는 배우, 정치적 투쟁을 위해 열정을 쏟아 붓는 정복자

---

* **레프 셰스토프**(Lev Iaskovich Shestov, 1866-1938): 러시아 철학자, 평론가. 니체의 영향을 많이 받았으며, 온갖 형태의 합리주의에 반대하면서 실존주의로 통하는 허무적 철학을 주창했다. 주요 저서는 〈도스예프스키와 니체—비극의 철학〉 등.

** **카를 야스퍼스**(Karl Jaspers, 1883-1969): 독일의 실존주의 철학자. 인간의 자기 실존에 대한 직접적 관심으로부터 문제에 접근, '기계와 기술의 대중'에 의해 무의미·무력화된 인간의 본래 모습을 지향했다. 주요 저서는 〈철학〉(3권) 등.

나 반역자, 온갖 세상들을 창조해내는 예술가다. 부조리한 예술은 경험을 설명하려 들지 않고 묘사할 뿐이며, 보편적인 주제들을 겨냥하기보다는 특정한 문제들을 다루는 어떤 세계관을 표현한다.

〈시지프 신화〉는 그리스의 시지프 신화에 대해 논하는 것으로 끝난다. 시지프는 지옥에 있는 어떤 산꼭대기까지 바위를 굴려 올라가야 하는 형벌을 받았는데, 산꼭대기까지 그것을 굴려 올라가면 무게 때문에 산 아래로 굴러 떨어지고, 그러면 또 다시 굴려 올라가기를 영원히 되풀이해야 하는 운명이다. 그는 부조리한 삶을 이상적으로 살고 있는 영웅이며, 그가 받은 형벌은 인간이 처한 상황을 대변한다. 영원히 투쟁해야 하고, 성공할 희망도 없는 그는 자신의 삶에는 부조리한 투쟁뿐이란 사실을 받아들여야 비로소 그 속에서 행복을 발견할 수 있다는 것이 카뮈의 주장이다.

카뮈는 부록에서 프란츠 카프카*의 작품들을 평하면서 카프카는 실존주의자이며, 키에르케고르와 마찬가지로 자신의 부조리한 상황을 받아들이지 않고 '신앙의 비약'을 선택했다고 결론지으면서도 인간이 처한 부조리한 곤경을 완벽하게 표현했다고 찬사를 보낸다.

---

* **프란츠 카프카**(Franz Kafka, 1883-1924): 유태계 체코 실존주의 작가. 인간 존재의 불안을 통찰하고 현대인의 실존적 체험을 극단까지 표현했다. 주요 작품은 〈변신〉 등.

　카뮈는 철학자가 아니며 〈시지프 신화〉는 '철학적'이란 낱말의 뜻을 너무 엄격하게 제한하지 않을 경우에만 철학적 논저라고 할 수 있다. 이 논저에서는 실로 엄청난 연구 과제인 삶 자체의 의미를 논하는데, 만약 철학적 논의였다면 그 과제만큼이나 방대한 논증이 요구되겠지만 그는 아무런 일관된 논증에도 관여하지 않고 다만 자신과 다른 철학자들의 차이점을 지적하기 위해 반대 입장들을 검토할 뿐이다.

　그러나 서두에서 밝히듯 이 책의 목표는 설명이 아니라 서술이기 때문에 형이상학이 들어 있지 않다. 카뮈는 우주에는 아무런 질서나 목적이 존재하지 않는다고 주장하는 것이 아니라 이따금 우리가 어떻게 부조리의 감정에 사로잡히는지를 관찰함으로써 부조리를 소개하고 그 이유를 몇 가지 꼽으면서도 삶이 정말 무의미하다고 납득시킬 만한 논증들은 제시하지 않는다. 즉 논증을 통해 우리를 설득하기보다는 우리 모두가 한두 번쯤은 공유했을 정신 상태에 대한 자신의 분석을 따라와 주기를 바라는 것.

　카뮈는 우주의 지적인 모습을 추려내는 쪽보다는 우리가 어떻게 살아야 하는지, 그 방법을 찾아내는 쪽에 관심이 있다. 따라서 형이상학에는 심드렁할 수 있지만, 어떤 인식론에는 적극적인 자세를 보인다. 부조리에 대한 자신의 관심은 우리가 신앙이나 형이상학적인 고찰에 기대지 않고도 확신만을 지닌 채 살 수 있는지의 여부에 대한 관심에서 생겨나는 것이란 주장이다. 그러나 이런 관심을 정의하는 과정에서는 우리가 확실하게 알 수 있는 것의 어떤 모습에 의존한다. 어쨌든 이 모습에 따르면, 인간은 '조화나 통일성에 대한 향수'와 세상 속에서 아무 답도 발견하지 못하는 무능만 확신할 수 있다.

이 인식론은 그가 물려받은 합리주의적 전통에 대한 반작용에서 생겨났다. 합리주의는 인간이 경험으로부터 얻을 수 있는 지식은 불신하고, 순수이성을 통해 얻을 수 있는 지식이 무엇인지를 결정하는 쪽에 더 초점을 맞춘다. 카뮈는 경험적인 지식에도 무심해 보이지만 본유지식에 대해서도 회의적이며, 인간이 확실히 알 수 있는 것은 두 가지뿐이라고 결론짓는다. 하나는 전혀 확실하지 않아 보이거나 적어도 좀더 조심스런 정의(定義)가 절실하게 필요한 심리적인 관찰이고, 다른 하나는 그 자체는 결코 지식이라고 볼 수 없는 지식의 한계다. 결국 카뮈는 실제로 인간이 명확한 것을 하나도 알지 못하면서 과연 살 수 있는지를 묻는다. 확실한 것이라곤 오로지 우리가 확신할 수 없다는 것뿐일 때, 과연 우리는 살 수 있을까?

카뮈는 우리가 이런 부정적 확실성을 품고 살 수는 있
으나 그때는 그 확실성 이상의 것을 찾으려는 노력은 실패
할 수밖에 없다는 점을 항상 자각하고 있어야 한다고 답한다.
우리는 계속 살아가겠지만 우리가 행하는 것이 아무런 실
제적 의미가 없다는 자각에서 생겨난 모순된 초연함을 지
닌 채 살아갈 것이다. 바람둥이, 연극배우, 정복자, 작가의
예에서 보듯 부조리한 인간은 일종의 쇼를 하며 산다는 것
이 분명해진다. 오로지 자신이 하는 일에 완전히 전념하는
'척'하며 살고 있는 것이다.

만약 이것이 사실이라면, 부조리한 인간과 보통사람의
유일한 차이점은 전자가 좀더 초연하다는 점인 것 같다. 카
뮈는 부조리한 인간이 삶에서 더 많은 것을 얻는다고 주장
할 것이다. 그 사람의 초연함은 좀더 마음을 열고 경험을
대하게 만드는 고양된 자각으로부터 생겨나기 때문이다. 부
조리한 세계관은 가치를 버리는 것이고, 서술에 만족하며
설명이나 정당성을 추구하지 않는다.

만약 부조리한 인간이 자신의 삶과 행동을 설명하거나
정당화할 필요가 없다면, 카뮈는 도대체 왜 본질적으로 부
조리한 세계관에 대한 설명이자 정당화라고 할 수 있는 이
책을 집필했을까? 역설적이지만 자신의 입장을 분명히 하
기 위한 것이었을지 모른다. 그러나 결국에는 어떤 전제들
로부터 추론된 논증의 측면보다는 독특한 방식의 삶에 대

한 어떤 지적인 뼈대를 제공하려는 정교한 시도의 측면이 더 크다. 이 같은 평가에 대해 그가 어떻게 반응할지는 알 수 없다. 이 책에서 자신의 입장을 전혀 내비치지 않고 있기 때문이다. 카뮈는 철학자보다는 종교적 철학자에 가깝다고 결론지을 수 있을 듯하다. 철학적 추론이 아니라, 삶이라는 거창한 의문에 대해 아무런 답도 찾지 않겠다는 결의, 즉 일종의 부정적인 믿음을 통해 종교적인 믿음과 싸우고 있기 때문이다.

## 〈이방인〉에서 드러나는 주제—부조리

카뮈는 논저들보다는 그의 철학적 사상을 섬세하면서도 독자의 흥미를 끌게끔 표현해 놓은 소설들로 더욱 유명하다. 같은 시기에 집필한 〈이방인〉과 〈시지프 신화〉는 여러 면에서 공통점이 있다. 〈시지프 신화〉는 〈이방인〉에 담겨진 세계관을 좀더 분명하게 드러내며, 〈이방인〉은 〈시지프 신화〉에서 묘사된 부조리한 영웅과 부조리한 허구의 예라고 해석할 수 있는 것.

〈이방인〉은 어떠한 가치체계로부터도 자유롭고 당장의 감각적 쾌락을 위해 살아가는 주인공 뫼르소의 이야기다. 사회 통념에 따르지 않고, 하고 싶은 대로 하고 좋아하는 사람들과 어울리는 등, 가능한 한 자신에게 솔직하게 살려고 애쓰는 뫼르소. 심지어는 감정을 속이는 것조차 싫어하기 때문에 어머니 장례식에서 억지로 울지도 않고, 어머니의 죽음을 깊이 애도하지도 않는다. 소설은 일련의 사건들을 거쳐 뫼르소가 해변에서 우연히 아랍인을 살해하면서 절정의 순간에 도달하고, 이어진 재판에서는 살인보다도 사회의 묵시적 규율을 무시하는 태도가 더 크게 비난받는다.

이 작품에 나오는 대부분의 철학적인 내용은 감방에서 처형을 기다리는 뫼르소의 심경, 그리고 그리스도를 믿고 받아들이게 하려는 교정 사목신부와 뫼르소의 논쟁 등을 통해 나타난다. 뫼르소는 애틋한 마음으로 애써주는 신부의 노력을 무시한 채 신이나 저세상 같은 것에는 관심이 없다면서, 심지어 확실한 것이라곤 자기를 기다리는 죽음뿐이더라도 이러한 삶의 확실성과 더불어 살기를 원한다.

뫼르소는 비유적인 면이든 글자 그대로든 부조리한 영웅이다. 비유적인 면에서는 사형선고를 받고 집행을 기다리는 그는 인간의 처지에 대한 은유이고, 글자 그대로는 카뮈가 〈시지프 신화〉에서 제시한 부조리한 특징, 즉 반항, 자유, 열정의 완벽한 본보기다. 관습에 따르지 않고 언제든 옳다고 느끼는 대로 행동함으로써 자유를 고집하는 그는 어머니 유해 앞에서 밤샘할 때도 무덤덤하게 앉아 담배나 태우고, 장례를 치른 다음날에는 해변으로 나가 정사를 나누고, 흉악범이자 포주인 친구 레이몽을 위해 편지를 위조해주기도 하는 것. 이런 식의 자유로운 행위는 그의 삶에 제

악을 가하려는 어떤 시도에도 맞서는 반항을 뜻한다. 그의 열정은 새로운 쾌락과 경험들을 열렬히 추구하는 모습에서 뚜렷이 나타난다. 즉 살아 있다는 것을 사랑하는 것이다.

뫼르소는 우리가 부조리한 영웅에게서 기대할 만한 얄궂은 초연함도 지니고 있다. 어떤 일에 직접 얽혀들기보다는 지켜보기를 좋아해서 온종일 발코니에 앉아 행인들을 구경하는 모습은 매우 인상적이다. 심지어 그는 자기에게 직접 관계된 일조차 심드렁해하는 인물이다. 애인 마리가 결혼하자고 하자 그녀를 사랑하지 않는다고 대꾸하면서도 결혼을 하든 않든 자기에게는 별로 다를 게 없다고 말한다거나, 아랍인을 죽일 때도 자기가 실제로 쏘는 것이 아니라 그 사람을 쏘는 자신을 자기가 지켜보고 있다고 느낀다.

그는 교정 사목신부가 설득하자 미친 듯 화를 내며 부조리한 자신의 세계관을 쏟아놓는다. 실제로 중요한 것은 아무것도 없으며, 우리 모두는 살다가 죽고, 우리가 죽기 전에 하는 싯은 궁극적으로 무의미하다는 것. 신부가 나가자 그는 무슨 계시와도 같은 최후의 순간을 즐긴다.

"그래, 나는 온 삶을 다시 살 태세가 되었다고 느꼈지. 마치 맹목적인 분노가 나를 깨끗이 씻어주었고, 내게서 희망을 없애버린 것처럼. 별들과 징조가 생생하던 그날 밤, 나는 난생 처음 세상의 그 부드러운 무심함에 나를 열어 젖혔어. 그리고 그 무심함이 너무도 나를 닮았고 정말 내 형제 같다는 것을 알고는, 내가 그동안 행복했었고 다시 또 행복했다고 느꼈어."

희망으로부터 자유로워진 뫼르소는 의미도 희망도 없는 우주 속에서 부조리한 자신의 처지를 완전히 받아들이고 결국 자기가 행복하다는 결론을 내릴 수밖에 없는 것이다.

뫼르소는 부조리한 영웅의 수많은 특징을 보여주는 본보기에 불과한 인물이 아니다. 한 발 더 나아가 카뮈는 〈이방인〉의 창작을 통해 〈시지프 신화〉에서 부조리한 예술가의 특징으로 규정하는 것의 본보기를 제시하려 했으며, 철학적 암시에 너무 얽매이거나 어떤 보편적 주제들을 드러내려 하지 않으면서 일상적인 사건들을 (설명이 아니라) 담담하게 서술했다. 그리고 특히 앞부분에서는 뫼르소의 일상을 채우는 수많은 평범한 사건들과 기이한 인물들의 묘사를 즐기고 있다. 우리는 애증 관계에 빠져 있는 살라마노와 그의 애견, 그리고 해변의 일광욕이 주는 즐거움 등의 모든 묘사를 통해 삶의 무수한 경험들이 매력적이고 즐거움이 넘치는 것이란 사실을 깨닫게 된다. 이 소설에서 우리가 끌어내는 보편적인 주제들은 결코 지나친 설교나 난해한 상징성이 아니라 독자의 흥미를 유발하고 붙들어 매는 친밀하고 일관성 있는 세계관에서 비롯되는 것이다.

# Part별 정리 노트

# 부조리와 자살

**:요점정리**

  "정말로 심각한 철학적 문제는 오직 하나뿐이고, 그것은 자살이다." 어떤 철학적 문제를 통해 도출되는 결론의 시각에서 평가한다면, 분명히 인생의 의미에 대한 문제가 가장 중요하다. 세상에는 인생이 살 만한 가치가 없다고 판단한 나머지 죽는 사람이 있는가 하면, 자신에게 살아갈 의미를 주는 이념이나 환상을 위해 기꺼이 죽는 사람도 있다. 이처럼 삶의 의미는 목숨이 걸린 매우 절박한 문제다.

  따지고 보면, 자살은 굳이 살 만한 가치가 없다고 고백하는 것이나 마찬가지다. 카뮈는 이 고백을 그가 '부조리의 감정'이라고 부르는 것과 연결시킨다. 대체로 우리는 우리가 하는 일에는 훌륭하고 진지한 이유가 있다는 기분, 어떤 의미와 목적이 있다는 감정을 갖고 살아가지만, 이따금 일상적인 행동과 상호작용들이 그저 습관적으로 되풀이된다고 생각할 때가 있을 수 있다. 자기를 스스로 결정하고 행동하는 자유행위자로 보지 않고 거의 기계처럼 움직이는

게으름뱅이로 보게 되는 것. 이런 관점에서는 우리의 모든 행위, 욕망, 이유는 부조리하고 의미가 없는 것처럼 보인다. 이처럼 부조리의 감정은 삶이 무의미하다는 감정과 밀접하게 연관되어 있다.

카뮈는 이 부조리의 감정을 유배(流配)와도 결합시키는데, 이 주제는 〈시지프 신화〉뿐만 아니라 그의 다른 소설들에서도 중요하게 다뤄진다. 인간 사회의 이성적 구성원인 우리는 본능적으로 삶에는 어떤 의미와 목적이 있다고 느끼고, 그 가정 하에서 행위할 때 마음이 편안하다. 그 결과, 부조리한 인간은 '환상과 빛을 잃은' 세계 속에서는 '이방인 같다'는 생각을 하게 된다. 부조리의 감정이 우리를 의미심장한 존재라는 제집 같은 편안함에서 추방하는 것.

부조리의 감정은 삶이 무의미하다는 생각과 연결되고, 자살이란 행위는 인생은 살아갈 가치가 없다는 생각과 연결된다. 그렇다면 이 책이 해결해야 힐 문제는 삶이 무의미하다는 생각이 반드시 인생이 살아갈 가치가 없다는 것을 암시하느냐, 하는 점이다. 자살은 어느 만큼이나 부조리에 대한 해결책이 될 수 있는가? 이 의문에는 두 가지 가능한 결과(부조리한 삶 또는 자살)만 존재한다는 사실에 현혹되어서는 안 된다. 대다수 사람들은 이 의문에 대해 여전히 명확한 답을 얻지 못하고도 계속 살아가고 있다. 게다가 사람들의 판단과 행동 사이에는 많은 모순이 존재한다. 자살하면서도 삶의 의미를 굳게 믿는가 하면, 인생은 살 만한 가치가 없다고 생각하면서도 계속 살고 있는 경우도 많은 것이다.

우리가 존재의 무의미와 직접 대면하면서도 자살하지 않는 이유는 무엇일까? 아무래도 삶에 대한 애착이 자살할 이유보다는 훨씬 더 강하기 때문인 것 같다. "우리는 생각하는 습관을 익히기에 앞서 이미 살아가는 습관에 젖어 있다." 따라서 본능적으로 인생의 무의미한 본질이 낳는 많은 결과들을 소위 '회피 행동'을 통해 대면하지 않으려 하고, 그 행동은 주로 희망의 형태로 나타난다. 부조리의 결과, 무의미한 삶의 결과와 대면하는 것을 늦추고 내세의 삶을 바라거나 이승의 삶에서 어떤 의미를 찾으려고 드는 것이다.

카뮈는 부조리의 결과와 대면하기를 바란다. 인생은 무의미하기 때문에 자살한다는 너무 자명한 나머지 아무짝에도 쓸모없는 진리를 그대로 받아들이기보다는 그 생각을 출발점으로 삼아 과연 죽음에 이를 정도의 논리가 존재하는지 알고 싶은 것이다. 그리고 자살이나 희망을 통해 부조리의 감정에서 달아나는 대신, 그 감정과 더불어 살아가기를 바라고 그 감정과 더불어 살아갈 수 있는지를 밝히고 싶은 것이다.

카뮈는 논의의 출발점으로 인간은 영혼과 가치관을 지닌 자유행위자인지, 아니면 아무 생각 없이 규칙적으로 움직이는 물질에 불과한지, 의문을 제기한다. 종교와 철학의 가장 중요한 목표 하나는 그 어느 쪽도 똑같이 부정할 수 없는 이들 두 가지 시각을 조화시키는 일이다.

인간 존재에 관한 사실 가운데 가장 분명하면서도 성찰해 보면 가장 곤혹스러운 점은 가치관을 갖고 있다는 것인데, 단지 어떤 욕구를 갖고 있다는 것과는 차원이 다르다. 만약 내가 어떤 것을 욕구한다면, 나는 아주 단순히 그것을 원하고 그것을 얻기 위해 노력할 것이다. 한편, 나의 가치관은 내가 어떤 것에 가치를 부여함으로써 단순히 그것을 욕구할 뿐만 아니라 욕구할 수밖에 없는 것이라고 판단한다는 점에서 욕구를 넘어서는 것이다. 욕구할 수밖에 없는 것이란 말은 내가 그 세상이 어떤 방식이어야 한다고 가정하는 것이고, 더 나아가 만약 아직 그 세상이 전적으로 그 방식이 아니라면 그 방식이어야 한다고 느낀다는 것을 암시한다. 예를 들어, 만약 살인 같은 것이 존재하지 않는다면, 내가 사람들에게 살인해서는 안 된다고 말하는 것은 이치에 어긋난다. 따라서 가치관을 갖는다는 것은 그 세상이 현재의 방식과는 달라야 한다고 느낀다는 것을 암시한다.

그 세상을 있는 그대로의 모습과 마땅히 어떤 모습이어야 한다고 간주하는 우리의 능력은 우리 자신을 두 가지 전혀 다른 관점에서 볼 수 있게 해준다. 우리는 흔히 사람들을 최선의 것을 결정하고 어떤 목표를 추구할 수 있는 의지를 지닌 자유행위자로 간주하며, 가치관이 있기 때문에 마땅히 그것들을 구체화할 능력을 가졌다고 생각한다. 어떤 자질들을 실현하기 위한 행동도 못하는데, 그 자질에 가치를 부여한다는 것은 무의미하다.

이것이 우리의 일반적인 시각이지만, 아주 단순히 세상을 있는 그대로 보려고 애쓰는 과학자의 시각도 존재한다. 과학적으로 말하면, 이 세상은 가치관이 없고 단순히 물질과 에너지로 구성되며, 무심한 입자들이 미리 정해진 방식으로 상호작용하는 곳이다. 인간이라고 해서 과학적 법칙에서 예외라고 생각할 이유는 전혀 없다. 우리가 부산하고 무심하게 기계적인 움직임을 되풀이하는 개미들을 관찰하듯, 외계의 과학자들도 부산스럽게 움직이는 우리의 행동을 관찰하면서 똑같이 예측 가능하고 틀에 박혀 있다는 결론을 내릴지 모를 일이다.

부조리의 감정은 과학적 시각으로 우리 자신을 바라볼 경우에 갖게 되며, 사물들을 아주 단순히 있는 그대로 바라보는 엄격한 객관적 세계관이다. 가치관은 이 세계관과는 무관하다. 그리고 가치관이 없으면 우리가 행하는 것에는 어떤 의미나 목적이 존재하지 않는 것처럼 보이고 삶은 아무런 의미도 없으며, 우리에게 저것 대신 이것을 하도록 만드는 것도 존재하지 않는다.

비록 우리는 부조리의 감정에 대해 철학적으로 따져보지는 않았을지 모르지만, 누구나 살아오면서 어느 시점에는 경험한 것이다. 왠지 우울하거나 불확실한 순간에 우리는 "체, 이런 짓은 해서 뭐하지?"라고 자문할 수 있는데, 이런 의문이 바로 최소한 하나의 관점에서는 어떤 행위가 무의미하다는 인정, 즉 부조리의 인정인 것이다.

카뮈는 이따금 부조리의 감정을 은유적으로 '유배지'라고 표현한다. 우리는 일단 가치관이 없는 세상이라는 시각, 무의미한 삶이라는 시각의 타당성을 인정하고 나면, 그 이전 상태로는 돌아갈 수 없다. 아무렇지도 않게 이 시각을 잊거나 무시해 버릴 수 없는 것이다. 부조리는 우리가 행하는 모든 것에 그림자를 드리운다. 심지어 우리가 마치 삶에는 어떤 의미가 있고, 무언가를 행할 때는 이유가 있다는 듯이 살아가기로 작정할 때조차 부조리는 마음 뒤쪽에서 계속 아무런 의미가 없을지도 모른다는 회의적인 잔소리를 속삭일 것이다.

부조리라는 유배지에는 사람이 살 수 없다는 것이 일반적인 견해다. 무언가를 하는 이유가 없다면, 어떻게 그것을 할 수 있겠는가? 부조리의 감정을 피하는 주된 방법 두 가지는 자살과 희망이다. 자살은 인생이 무의미하다면 살 가치가 없다는 결론에 따른 것이고, 희망은 맹목적인 믿음을 통해 삶이 무의미하다는 것을 부정한다.

카뮈는 세 번째 방법을 찾는 데 관심이 있다. 우리는 자살하지 않으면서도 삶이 무의미하다는 것을 인정할 수 있을까? 살기 위해서는 인생에 어떤 의미가 있다는 희망을 조금이라도 품어야 하는가? 우리는 가치관이 무의미하다고 인정하면서도 그것을 가질 수 있을까? 결국 카뮈는 과학적 세계관을 받아들일 수 있을지를 묻고 있는 것이다.

# 부조리의 벽



감정은 말로 온전하게 표현할 수 없다. 질투나 야망, 이기주의, 관용 같은 부조리의 감정은 우리가 세상을 바라보는 방식의 틀을 짜고 시각을 한정한다. 감정은 세계관이고 말에 앞선다. 따라서 카뮈는 부조리의 감정은 묘사하기 어렵다면서 그런 감정을 불러일으킬 수 있는 부류의 경험들을 분명히 설명해 주기 위해 일련의 사례들을 제시한다.

우리는 기계적인 일상에 대해 느껴지는 권태의 심연 속에서 각성의 순간을 경험할 수 있다. 왜 이런 권태를 감수해야 하는지 묻고 싶은 충동은 우리를 부조리의 감정으로 이끈다. 이 감정은 우리가 마치 시간의 강물 위를 떠다니는 나무토막 같다는 자각이 들게 될 때 찾아올 수도 있다. 인간은 흘러가는 시간 앞에서는 속수무책이기 때문이다. 세상 속의 대상들이 우리가 부여했던 의미와 목적을 상실하는 것을 볼 때도 부조리의 감정을 느낄 수 있는데, 그 순간에는 그것들을 있는 그대로의 '사물들'로 보게 된다. 그리고 공중전화 박스 안에서 열심히 손짓발짓 해가며 이야기하는 사람의 모습이 무언극 배우의 공허한 우스꽝스러운 연기처럼 보일 때, 또는 어떤 시신을 보며 우리도 언젠가는 싸늘하고 무감각한 시체가 될 수밖에 없다는 막연한 불안감을 느낄 때도 부조리를 감지한다.

이것들은 경험 차원의 부조리한 감정의 예들이지만, 지성 차원에서도 부조리와 조우할 수 있다. 인간의 정신은 '통일성에 대한 향수', 우주를 하나의 통일되고 납득할 수 있는 전체로 이해하려는 열렬한 욕망에 의해 조종된다. 카뮈는 논리 차원에서 단 하나의 통일된 '진리'를 주장하는 것이 갖는 문제점들을 보여주기 위해 아리스토텔레스*를 이용한다. 과학 차원에서, 하나의 이론은 세계를 묘사할 수는 있으나 궁극적으로 설명하지는 못한다. 세계는 무수한 다양성으로 구성되어 있고, 그것을 이해하기 위해 취할 수 있는 무수한 관점들이 존재하기 때문에 세계를 보고 단번에 완전히 이해할 수 있는 올바른 방법, 즉 하나의 절대적 진리를 찾는다는 것은 부질없는 짓처럼 여겨지는 것이다. 우리가 그 세계에 적용하고픈 통일된 진리는 우주 자체에는 존재하지 않는다. 세계는 근본적으로 불합리하기 때문.

---

명확성을 찾는 우리의 욕망과 세상의 불합리에 대한 우리의 이해 사이에 나타나는 대립이 부조리다. 세상과 인간의 정신은 모두 그 자체로는 부조리하지 않다. 부조리는 그 둘이 대립할 때 생겨난다.

경험의 불합리성을 부정하기보다 거기에 맞서려고 했던 사상가들은 항상 존재했으며, 지난 세기에는 특히 더 많았다. 마르틴 하이데거*는 인간이 부조리에 직면할 때 고뇌한다면서도 그 속에서 가장 명료한 의식을 지닐 수 있다고 단언했다. 야스퍼스는 인간은 직접 경험하는 것 이상을 알 수 없다면서, 그 이상을 알 수 있다고 주장하는 철학 체계들의 결함과 환상 등을 폭로한다. 셰스토프는 가장 치밀한 체계나 가장 보편적인 합리주의도 결국 사고의 불합리에 부딪힌다는 것을 계속 증명하면서, 규칙성보다는 예외를 찾는 일에 더 관심을 기울였다. 키에르케고르는 모든 종류의 모순 속으로 과감하게 뛰어들어 부조리의 삶을 살았다. 후설은 세상의 다양성에 흥미를 가졌고, 이성의 초월적 능력을 부정하면서 모든 현상에 대해 완전하고 치우침 없는 자각을 권장했다. 이들 모두는 인간 지식에 한계가 있다는 사실만 분명하며 그 나머지는 이해할 수 없다는 자각을 공유했다.

---

* **마르틴 하이데거**(Martin Heidegger. 1889-1976): 독일 실존철학자. 인간 존재 뒤에 영원불변의 뭔가가 있다는 형이상학을 비판하고, 불안·심려·죽음·양심 등, 실존에 관계되는 여러 양태를 조직적·포괄적으로 연구했다. 주요 저서는 〈존재와 시간〉 등.

　　이 부분에서는 합리주의 철학의 결함들을 자세히 지적하고 그로 인해 생겨난 불합리의 철학에 대해 설명하고 있다. 카뮈에 따르면, 합리주의는 인간의 이성이 우리가 사는 세계를 이해할 수 있다는 사상이다. 합리주의 철학자는 인간의 모든 경험을 설명할 수 있는 어떤 종류의 철학 체계를 세우려고 한다. 사물들이 왜, 그리고 어떻게 그런지를 확실히 설명하고 싶어하는 것. 하늘은 이런 까닭에 파랗고, 나는 저런 이유 때문에 존재하며, 우주는 또 이러저러한 까닭으로 인해 이렇게 작동한다, 등등. 그들은 세상이 이치에 맞고 모든 것이 분명하기를 원하며, 합리주의는 모든 것이 왜 그 모습을 지니고 있는지에 대한 이유들을 제시할 수 있다는 불합리하지 않은 희망에 근거한다.

　　카뮈는 합리주의를 거부하면서도 철학적 반박은 하지 않는 것 같다. 여기서는 우리에게 친숙한 철학 사조들을 열거하고 명확히 설명하려 한다고 수차례 밝히면서, 결함이 존재한다는 점을 납득시키려고 애쓰기보다는 우리가 이미 합리주의에 결함이 있다는 점을 동의한다고 가정할 뿐이다. 사실 카뮈는 우리가 합리주의를 불만스럽게 생각할 만한 이유들—우리가 경험의 다양성들을 통합하지 못한다는 등—을 간단히 언급하지만, 그 자체로는 설득력이 약하다.

그것들은 합리주의적 세계관이 이치에 어긋나 보이는 예들에 불과하지 어떤 논증이 아니기 때문이다.

영국의 문학평론가이자 소설가 제임스 우드(James Wood. 1965-)는 〈시지프 신화〉는 비록 부정적인 종류의 믿음이지만, 믿음에 의존한다고 분석한다. 신은 존재하지 않고, 세상은 자기가 논증하려고 작정한 무의미함보다 더 무의미하다고 믿을 결심인 카뮈는 어떤 철학 체계를 제시하기보다는 세상을 바라보는 어떤 방법을 진단하고 있으며, '세상을 부조리하다고 보는 것이 세상을 올바로 보는 것'이라고 주장하려 들지 않고 우선 세상을 보는 '올바른 방법'이 있다는 생각부터 의심하고 이어 인간은 종종 세상을 부조리한 것으로 볼 수밖에 없다고 암시한다. 다시 말해, 카뮈는 본질적으로 우리가 좋든 싫든 이따금 세상이 이치에 어긋나고 분명하지 않다고 느끼는 부조리의 감정이 존재한다면서, 그것의 옳고 그름보다는 그것을 갖게 되면 어떤 모습의 삶이 초래되는지에 대해 더 관심이 많다.

카뮈는 그가 '불합리', 즉 합리주의의 거부와 연관시키는 철학자들을 열거한다. 카뮈가 사용하는 '불합리'란 용어를 오늘날에는 '실존주의적'이라고 쓴다. 스스로를 실존주의와 공공연하게 연관시킨 철학자가 드물기 때문에 '실존주의'는 올바로 쓰기가 까다로운 용어지만, 이 책의 많은 주제들, 특히 세상 그 자체는 단순히 존재하며 세상을 이해하는 어떤 의미나 본질은 정신에서 연유하는 사실에 따라 응용된다는 관념은 실존주의의 주요 사상이다. 카뮈와 동시대에 살았고 한때 친구였던 장 폴 사르트르*는 실존주의를 운동으로서 옹호한 대표적인 인물이다. 사르트르가 그 사상과 명칭은 야스퍼스에게서 많이 빌려왔으나 두 사람은 결코 스스로 실존주의자라고 생각하지 않았다. 간혹 키에르케고르나 프리드리히 니체**가 '전형적인 실존주의자'라고 불리지만, 그들은 실존주의라는 용어가 생기기 전인 19세기에 살다가 세상을 떠났다. 나중에는 심지어 카뮈조차 이 운동과의 관계를 단절하면서 사르트르만이 열렬한 실존주의자로 남게 되었다.

우리는 카뮈와 그가 열거한 많은 사상가들이 유럽 대륙의 철학적 전통에 깊이 뿌리를 두고 있다는 사실에 주목해야 한다. 이 전통은 프리드리히 헤겔***과 초기 합리주의자

---

* **장 폴 사르트르**(Jean-Paul Sartre. 1905-80): 프랑스 철학자, 작가. 인간의 본질을 결정하는 신은 존재하지 않으므로 개인은 스스로 인간의 존재 방식을 선택하도록 운명지어져 있다고 주장했다. 1964년 노벨상 수상 거부. 주요 저서는 〈존재와 무〉, 소설 〈구토〉 등.

** **프리드리히 니체**(Friedrich Wilhelm Nietzsche. 1844-1900): 독일 철학자. 유럽의 전통적인 종교·도덕·철학에 깔려 있는 근본 동기를 밝히려고 노력했으며, 계몽주의가 가져온 결과를 반성했다. 주요 저서는 〈차라투스트라는 이렇게 말했다〉, 〈선과 악을 넘어서〉, 〈도덕의 계보〉 등.

*** **프리드리히 헤겔**(Friedrich Hegel. 1770-1831): 칸트 철학을 계승한 독일 관념론의 대성자. 합리주의적 계몽사상의 한계를 통찰하고 역사의 의미에 눈을 돌렸다. 모든 인식이나 사물은 정(正)·반(反)·합(合)의 3단계를 거쳐 전개된다는 변증법이 그의 철학과 논리학의 핵심. 주요 저서는 〈정신현상학〉 등.

라고 할 수 있는 데카르트와 G. W. 라이프니츠*에게서 많은 영향을 받았으며, 순수이성을 통해 형이상학적 진리를 추려내는 이성의 역할과 우리의 능력을 크게 강조했다.

반면, 영국의 철학적 전통은 존 로크**와 데이비드 흄*** 같은 경험론자들의 핏줄을 따르고 있다. 경험론은 순수이성의 능력을 덜 강조하고 지식을 얻으려면 감각적 경험에 의존하라고 주장한다.

어떤 의미에서는, 카뮈가 부조리를 논하며 맞닥뜨리는 진퇴양난은 유럽 대륙의 합리주의적 전통에서만 존재할 수 있다. 우리의 정신은 경험을 이해할 수 없다는 관념은 경험론자들보다는 합리주의자들에게 훨씬 더 절박하다. 이것은 카뮈의 입장을 버리는 것이 아니라 적절한 전후 관계에 위치시킨다.

---

* **G. W. 라이프니츠**(Gottfried W. Leibniz. 1646-1716): 독일 철학자, 수학자. 수학·논리학·신학·역사학 등에 많은 업적을 남김. 미적분법에 관한 연구는 미분법, 적분법의 기초가 되었다. 주요 저서는 〈단자론(單子論)〉 등.

** **존 로크**(John Locke. 1632-1704): 영국 철학자, 정치사상가. 철저하고 합리적인 경험론을 통해 스콜라 철학과 합리론의 극단적 입장을 관통하는 중도노선을 마련했으며, 정당화된 정부는 통치자의 변덕보다는 계약을 통해 지배하는 정부라고 주장함으로써 의회와 국민의 의지에 엄격하게 구속되는 제한적 왕권의 기틀을 마련했다. 주요 저서는 〈인간오성론〉, 〈시민정부론〉 등.

*** **데이비드 흄**(David Hume. 1711-76): 영국 철학자, 경제학자, 역사가. 회의주의자로 분류되지만, 인간의 인식 능력 밖에 있는 대상에 대해서만 회의주의적 태도를 취했다. 존 로크, 조지 버클리 같은 경험주의자들로부터 커다란 영향을 받았으며, 토머스 홉스의 계약설을 비판하고 공리주의를 지향했다. 주요 저서는 〈인성론〉 등.

# 철학적 자살



부조리는 결코 양립할 수 없는 관념들의 비교나 병치에서 생겨난다. 예를 들어 누군가가 흠잡을 데 없이 정직하고 고결한 사람에게 몰래 친누이를 탐했다고 비난한다면, 그 사람은 "부조리한(터무니없는) 소리(That's absurd.)"라고 항변할 것이다. 이때 우리는 한편으로는 고매하고 다른 한편으로는 근친상간의 음욕이라는 모순된 생각을 나란히 떠올릴 텐데, 카뮈가 논하고 있는 부조리의 개념도 그 같은 병렬로 구성된다. 우리는 한편으로는 우주 속에서 이유와 통일성을 발견하고자 하는 인간과 다른 한편으로는 그런 인간에게 말없이 무의미한 현상만을 제시하는 우주와 대면한다. 이처럼 부조리는 인간이나 우주 속에는 존재하지 않는 것이지만, 둘이 대비될 때는 존재한다. 즉 어느 경우든 부조리는 두 개 항 사이의 비교에서 생겨나는 것이다.

우리와 우주의 부조리한 관계로부터 나오는 결과를 규정하려면 부조리를 거부해서는 안 된다. 만약 답을 찾으려는 우리의 욕망과 세상의 침묵 사이에 생기는 갈등을 해소하려고 든다면 부조리에 맞서는 것이 아니라 부조리를 회피하는 것이다. 부조리와의 대립은 희망의 부재, 계속적인 거부, 의식적인 불만이 특징이다. 이 대립을 안고 살아가는 것은 즐겁거나 쉽지 않지만, 이 갈등을 극복하기 위한 노력은 답은 주지 않고 부조리의 문제를 부정할 뿐이다. 부조리는 오로지 우리가 그것에 동의하지 않을 때만 비로소 의미를 갖는다. 카뮈가 관심을 갖는 문제는 우리가 부조리에서 헤어날 수 있는가, 그리고 부조리는 자살로 귀결되어야만 하는가의 여부다.

실존주의 철학자들은 대체로 부조리와의 대립을 피하려고 애썼다. 야스퍼스는 이성이 작동하지 않는 지점에서 완전히 비논리적인 비약을 통해 초월적인 것을 발견하라고 주장했다. 셰스토프는 우리는 신에게 의지해야만 불가능하고 불가해한 것을 해결할 수 있다면서 부조리는 신이리고 단언했다. 신에게로의 '신앙의 비약'으로 유명한 키에르케고르는 불합리를 신앙과 신이라고 간주했다. 세계에 대한 설명을 거부하고 단지 경험된 것에 대한 묘사나 서술에 그치고자 하는 그의 현상학처럼 좀더 이해하기 까다로운 후설은 부조리를 받아들이는 듯하지만, 어떤 초월적인 본질을 그가 논하는 단순한 현상들과 연결시키려고 노력했다.

카뮈는 이들의 사상 전체를 논하지 않고 부조리와 이

들의 접점에 대해서만 언급하겠다는 뜻을 분명히 밝히고 있다. 그들은 각자의 방식으로 인간의 이성과 불합리한 우주 사이의 대립을 해결하려고 애썼다. 야스퍼스, 셰스토프, 키에르케고르는 자기 방식대로 인간의 이성을 부정하고, 불합리한 우주를 신과 연결시켜 완전히 받아들였다. 후설은 직접 경험하는 현상들 속에서 이유를 발견함으로써 우주의 불합리를 부정하려고 했다. 카뮈가 지적하듯 부조리는 인간의 이성과 불합리한 우주 사이의 대립 속에서만 존재할 수 있는데, 이들은 대립하는 한쪽을 아예 부정함으로써 이 갈등을 없애버리려고 했다.

실존주의 철학자들은 부조리 자체에서 어떤 초월성을 발견하려 애썼지만, 카뮈는 어떤 조화나 초월성도 존재하면 안 된다는 것이 부조리의 논리라고 주장한다. 실존주의 철학자들은 부조리가 그들에게 제시하는 논리로부터 벗어나려고 몸부림치지만, 결국 자기를 부정하고 그 자기부정을 통해 자기를 초월하고자 하는 '철학적 자살'을 감행하는 셈이다.



철학자가 아닌 카뮈는 위의 철학자들을 지적 논쟁에 끌어들이는 일에는 관심이 없으며, 이들의 사상을 반박하려고 들지도 않는다. 그들의 사상에 대해 어떤 부분에 결함이 있는지를 증명하지 않고 자신이 못마땅한 이유만 언급하고 있는 것.

　카뮈는 자신의 흥미를 끄는 문제를 두 가지 근본적인 사실로 압축한다. 하나는 인간은 세상 속에서 어떤 의미를 찾으려고 생각하고 바란다는 사실이고, 다른 하나는 세상이 갖고 있을지 모를 의미는 인간에게는 드러나지 않는다는 사실이다. 카뮈는 신 또는 만물의 이면에는 어떤 내재된 의미나 목적이 존재한다는 것을 부정하지 않고 다만 그 존재 여부를 알 수 있는 방법이 없다고 주장할 뿐이란 점에 주목해야 한다. 〈시지프 신화〉의 목표는 그가 단순히 알고 있는 것만으로 살 수 있는지 없는지를 결정하는 것이다. 즉 두 가지 근본적인 사실만 알고서도 살아갈 수 있는지, 아니면 그 이상의 것(신 또는 의미나 목적)을 기대해야 하는지, 또는 자살할 필요가 있는지를 밝혀내는 것이다.

　부조리는 두 가지 근본적인 사실들 사이의 관계다. 우주 자체는 절대적 침묵을 지키는데, 우리가 우주에 의미가 존재하기를 기대하는 것은 부조리하다. 인간이 확실히 알고 있는 단 두 가지 근본적인 사실들의 관계인 부조리는 우리와 세상의 근본적인 관계이자 근본적인 진리이며, 우리는 그 논리를 충실히 따라야 한다.

　부조리는 또한 본질적으로 갈등일 수밖에 없다. 우리

는 의미를 요구하지만, 우주는 아무런 의미도 주지 않기 때문이다. 우리가 살아가면서 주어진 운명에 대해 느끼는 불만은 부조리에는 근본적인 것이며, 이 불만을 해소하려는 시도는 무엇이든 부조리로부터 도피하려는 것이다.

전술한 네 사람의 철학자들에 대해 카뮈가 지닌 불만은 그들이 나름대로의 방식으로 부조리를 회피하려 했다는 점이다. 부조리를 회피하려면 카뮈가 논의의 출발점으로 삼은 두 가지 근본적인 사실 가운데 하나를 반드시 부정해야 한다. 야스퍼스, 셰스토프, 키에르케고르는 세상이 지닌 의미와 목적의 필요성을 부인하고, 세상은 불합리하다는 관념을 받아들이면서 그 관념 속에서 신을 발견했다. 후설은 인간이 세상 속의 의미를 발견할 수 없다는 관념을 거부하고, 침묵하는 현상 이면의 본질을 찾으라고 주장했다.

카뮈는 그들의 추론이 잘못되었다고는 비난하지 않고, 다만 그들이 알 수 있는 것에서 알맹이를 찾으려 하지 않는다고 지적한다. 그들이 경험의 두 가지 근본적이고 부정할 수 없는 사실들을 넘어 그 이상의 어떤 것, 초월적인 것, 부조리와의 대립으로 야기된 불만을 해소시켜줄 어떤 것이 있다고 단언하는 것이 잘못은 아니지만, 카뮈가 보기에는 근본적인 의문—인간은 살기 위해 부조리 이상의 어떤 것이 존재한다고 단언할 필요가 있을까?—을 회피하는 것이다. 카뮈의 문제는 가설적이다. 불합리한 우주 속에 이성적인 인간 이상의 것이 존재하지 않을 때, 우리는 그 상황의 부조리를 떠안고 살아갈 수 있을까?

여기서 철학적 접근을 피하는 카뮈는 어떤 철학적 입장의 옳고 그름보다는 수용가능성 여부에만 관심이 있다. 만약 그가 자신의 형이상학적 입장을 역설하려 들고 이러이러한 것이 사실이라고 주장하려 든다면, 그 입장이 다른 철학자들의 관점보다 뛰어난 점을 입증해야 하는 부담을 안게 되었을 것이다.

카뮈가 조심스레 이런 전개 방식을 택한 이유는 부조리는 인간과 세상 사이의 근본적인 관계이며, 이유를 찾으려는 욕망과 침묵하는 우주는 인간 실존의 두 가지 근본적인 사실이란 주장은 위험스럽게도 거의 형이상학에 근접하기 때문이다. 카뮈는 자신의 주장은 세상의 본질에 대한 어떤 긍정적인 지식에서 나온 것이 아니라 긍정적인 지식을 자제한 결과라고 말함으로써 자신을 방어할 수 있을지 모른다. 부조리는 우리에게 주어진 것을 넘어서면 우리는 세상에 대해 아무것도 알 수 없다는 주장에 의존하지 않기 때문에 인간과 세상 사이의 근본적인 관계다.

# 부조리한 자유



부조리한 인간은 무엇보다도 확실성을 요구하고, 자기가 확실하게 알 수 있는 것은 부조리뿐이라는 점을 인정한다. 자신에 대해 알고 있는 영원불변의 유일한 진리는 통일성, 이유, 명백함에 대한 욕구이며, 확실해 보이는 세상에 대한 유일한 진리는 세상에 어떤 분명한 형태나 양식(樣式)이 없다는 것이다. 인생에는 어떤 의미가 있을지도 모르지만, 그 의미가 무엇인지 알 수 있는 확실한 방법은 없다. 부조리한 인간은 확신할 수 있는 것과 더불어서만 살고, 확실치 않은 것은 개입시키지 않는다. 사람들은 그것을 오만의 죄라고 하지만, 그는 죄의 개념을 이해하지 못한다. 그리고 가다보면 결국에는 지옥이 기다린다고들 말하지만, 그는 기이한 미래를 떠올릴 만큼 상상력이 풍부하지도 않다. 영원한 삶 같은 것도 그에게는 헛소리처럼 들린다.

부조리는 인간의 이성과 불합리한 우주 사이의 대립으로 생겨나며, 우리가 의식적으로 그것을 자각하고 있는 경우에만 존재한다. 따라서 부조리한 인간이 부조리에서 떨어지지 않으려면 자기 내부의 갈등을 극복하려 애쓰지 말고 계속 의식적으로 자각해야 한다. 부조리와 함께 살려고 애쓰는 사람에게는 반항, 자유, 열정이란 결과가 나타난다.

카뮈는 부조리를 제대로 받아들이면 자살할 수밖에 없다는 주장을 단호히 반박하면서, 오히려 그 반대로 부조리의 수용은 삶을 가장 충만하게 살아가는 것에 관한 문제이고, 인간이란 불합리한 세상에서 잠시 살다가 결국은 죽게 마련인 이성적 존재라는 점을 항상 자각하는 것이라고 역설한다. 우리는 늘 욕구와 현실 사이의 갈등을 자각하고 있으며, 따라서 부조리하게 산다는 것은 끊임없는 갈등상태 속에서 사는 것, 즉 인생의 무의미함과 우리를 기다리고 있는 죽음이란 결말에 맞서 반항하는 것이다. 자살은 희망과 마찬가지로 그 갈등에서 벗어나는 또 다른 방편에 불과하다. 부조리하게 산다는 것은 죽을 운명이면서도 매순간 반드시 죽는다는 생각에 맞서 반항하는 인간이 처한 곤경에 더 가깝다.

일반적으로 우리는 자유롭게 결정을 내릴 수 있고, 자유롭게 우리의 행동에 의해 자신을 규정할 수 있다고 생각한다. 그 결과, 스스로 자신의 삶에 방향을 제시할 수 있고, 이어 어떤 목표를 지향할 수 있다고 생각하게 되지만, 그것은 자신을 그 목표를 향해 살아가는 사람, 즉 어떤 역할을 해내는 사람으로 제한하는 것이다. 우리는 자신을 훌륭한 어머니, 멋진 바람둥이, 근면한 시민 등으로 간주할지도 모르며, 우리의 행동은 자신이 만들어낸 이런 자아상에 의해 결정될 것이다. 이러한 자유의 관념은 형이상학적인데, 우주와 인간의 본성은 우리가 스스로의 진로를 선택할 수 있다고 주장하는 그런 것이다. 부조리한 인간은 확실하게 알 수 없는 것은 모두 부인할 작정을 하고 있는데, 형이상학적 자유도 인생의 의미만큼이나 불확실하다. 부조리한 인간이 알 수 있는 유일한 자유는 직접 경험하는 자유, 즉 원하는 대로 생각하고 행동하는 자유뿐이다. 부조리한 인간은 자기에게 맡겨진 어떤 역할을 수행해야 한다는 생각을 버려야 선입관이나 편견에서 벗어나 닥쳐오는 삶의 매순간을 그대로 받아들이는 자유를 얻는다.

부조리한 인간은 인생에 어떤 의미가 존재한다는 생각을 버리면서 가치관의 개념도 내던진다. 만약 우리 행위에 어떤 의미나 목적이 없다면, 저것 대신 이것을 해야 할 이유도 없다. 그렇게 되면, 인간의 경험에 대해서도 질의 기준 대신 양의 기준—더 많이 경험할수록 더 좋다.—만을 적용할 수 있다. 경험의 양이란 오래 살아야 한다는 뜻이 아니라 충만한 삶에 대한 열정을 의미한다. 흘러가는 매순간을 의식하고 있는 사람은 다른 것에 여념이 없는 사람에 비해 훨씬 많은 경험을 할 것이다. 부조리한 인간은 지금 이 순간을 살려고 작정하고 있다.



데카르트 이래 서양 철학에서 널리 유행한 일종의 회의론을 매우 독특한 방식으로 응용하는 카뮈는 자신이 확실히 알 수 없는 모든 명제에 의문을 제기하면서도 좀더 확실한 바탕 위에서 형이상학적 지식을 재정립하려는 시도를 통해 데카르트 회의론을 끝까지 추구하려 들지 않고, 대신 철학자들이 형이상학적 의문점들에 대해 의견이 통일되지 못하는 것 같다고 지적하면서 일반적으로 형이상학을 의심하는 구실로 삼는다. 데카르트를 본받아 확실성을 요구하면서도 형이상학에서는 발견될 확실성이 없다고 결론짓는 것이다.

이 같은 견해는 결코 철학적이라고 할 수 없나. 올바른 지적 입장의 분류보다는 어떻게 살아야 할지에 대해 관심이 있는 카뮈는 이 의문점들에 대해 명쾌한 답이 없다는 점을 중시하며, 우리가 확실성을 갖고 살 수 있는지의 여부를 알고자 한다.

독자들은 카뮈가 확실한 답을 얻으려고 노력하지 않기 때문에 명쾌한 답을 얻지 못하는 것이라고 푸념할 수 있다. 그는 자신의 형이상학 기피를 정당화하려고 애쓰지 않는 것 같다. 인간은 우주 속의 어떤 합리적인 질서나 의미에 대해 확신할 수 없다는 그의 주장은 이런 종류의 확실성이 불가능하다는 것을 입증하는 세심한 논증에 근거한 것이 아니다. 다만, 지난 2,000년 동안의 가장 위대한 인물들조차 하나의 정답에라도 동의한 적이 없었으며, 따라서 우리도 확실성을 발견할 수 없을 것 같다는 자각으로부터 나온 것이다. 따라서 철학적 견해라기보다는 단지 현실적인 검토에 불과하며, 카뮈도 이 점을 분명히 인정하고 있다. "나는 이 세상에 이 세상을 초월하는 어떤 의미가 있는지 모른다. 그러나 내가 그 의미를 모르고, 바로 지금 내가 그 의미를 아는 것이 불가능하다는 점은 알고 있다." '바로 지금'이란 단서로 보아 어쩌면 카뮈는 그 의미가 알 수도 있는 것이지만, 정말로 사는 것처럼 살지 못하게 만들 정도로 평생 엄청난 지적 노력을 쏟아 부어야 할지 모른다고 말하는 것 같다. 카뮈는 더 이상 필요 없이 '바로 지금' 확신할 수 있는 것만 갖고 과연 살아갈 수 있는지 알고 싶은 것이다.

확실한 것은 존재하지 않는다는 확신만 갖고 살아가면 세 가지 결과가 나온다. '나의 반항, 나의 자유, 나의 열정'이다. '반항'은 부조리가 특징인 끊임없는 갈등상태—반드시 통일성과 질서를 계속 갈망하면서도 그것들이 불가능하다는 점을 자각하고 있어야 한다.—에서 사는 것이다. 이 반항에는 해결의 희망이 없다. 이런 주장은 다소 터무니없이 들릴 수 있다. 성공할 희망이 없다면 어떻게 반항상태, 즉 투쟁할 수 있단 말인가? 이처럼 희망 없는 반항의 개념이 부조리한 인간을 규정하며, 이 책의 제목으로 삼은 '시지프 신화'가 지닌 특징이다.

카뮈가 취하는 '자유'의 개념은 철학적이지 않은 것이 특징이다. 신이나 물리 법칙 같은 우주 또는 형이상학적 제약으로부터 자유로워지는 인간의 능력이 아니라 신이나 물리학의 작용 여부와 관계없는 세속적 차원의 자유에 초점을 맞추기 때문이다. 카뮈는 묻는다. "우리는 이 지상에서 어느 정도까지 원하는 대로 생각하고 행위할 수 있을까?" 그렇게 되면, 자유의 반대는 물리 법칙에 의해 제약되는 어떤 인격체가 아니라 압제적인 정권이나 자신의 소심함, 즉 이 세상의 변할 수 있는 영향들에 제약되는 인격체다. 이런 의미에서라면 부조리한 인간은 자유롭다. 자신의 삶에 어떤 가치나 의미가 존재한다는 생각을 버렸고, 따라서 어떤 특별한 목적에 얽매여 살아야 한다고 느끼지 않기 때문이다. 그 결과, 그는 우리가 일반적으로 사회에서 아무렇지도 않게 순응하는 생각과 행동의 속박으로부터 벗어난 새로운 매순간을 맞이하게 된다.

인간의 자유의지의 본질에 대한 철학적 논의들은 카뮈가 주장하는 것보다 훨씬 더 복잡하다. 대다수 철학자들은 자유가 반드시 형이상학적 결정론과 반대로 규정되는 개념이어야 한다고 생각하지 않고, 널리 인간의 합리성과 연관된 것으로 간주한다. 즉 내가 맹목적인 충동이나 욕망이 아니라 어떤 이유 때문에 행동한다면, 나는 자유롭게 행동하는 것이다. 내가 어떤 것을 행하기로 선택한다면, 나는 자유로운 것이다. 카뮈는 부조리한 자유를 논하면서 자유에 대한 철학적 논의를 대부분 무시하고 있다.

카뮈가 부조리한 삶의 마지막 결과로 꼽은 '열정'은 현재를 살아가는 것에 관한 문제다. 부조리한 인간은 미래에 관심이 없고 과거에도 얽매이지 않기 때문에 '바로 지금' 이 순간이 훨씬 강렬하고 생동감 있게 보인다.

# 돈 후안주의

**: 요점정리**

이 책의 둘째 부분에서는 좀더 현실적인 차원에서 계속 논의를 끌어간다. 첫째 부분에서는 부조리의 개념과 부조리한 삶의 결과 같은 추상적인 논의를 다뤘지만, 여기서는 반항, 자유, 열정의 원리들을 받아들인 삶들의 유형을 많이 소개한다. 먼저 바람둥이(돈 후안주의), 연극배우, 정복자를 제시하고, 이어지는 부분에서는 작가의 역할에 대해 논하는데, 비록 이런 유형의 삶들이 본보기라고는 해도 반드시 모방해야 한다는 의미는 아니다. 카뮈는 이런 유형의 삶들을 이상적인 전형으로 내세우려는 것이 아니라 자신의 견해를 명확히 설명하기 위해 이용하고 싶을 뿐이다.

카뮈는 이 유형들의 예를 분석하기에 앞서 공통점에 관해 언급한다. 부조리한 인간은 삶이 허용한 것 이상은 바라지 않는 용기와 자신의 모든 행동은 이 세상을 초월한 세상이 아니라 이 세상에만 영향을 미친다고 말하는 자신의 추론에만 의지한다.

부조리한 인간은 부도덕한 인간이 아니라 도덕관념이 없는 인간이다. 도덕은 신에게서 비롯되거나 어떤 특정한 행동들을 정당화하기 위해 인간이 고안해낸 것이다. 부조리한 인간은 신을 믿지 못하고, 자신의 행동을 정당화할 필요성도 느끼지 않는다. 다만, 자신의 성실성에 의해서만 인도되는데, 성실성은 도덕률에 의해 좌우될 필요가 없다. 부조리한 인간은 도덕으로부터 자유롭고, 따라서 죄나 비행의 개념으로부터도 자유롭기 때문에 '무죄다'. 그의 관점에서는 책임지는 사람은 있을 수 있으나 죄인은 없는 것이다.

카뮈가 제시하는 부조리한 인간의 첫 번째 예는 유명한 바람둥이 돈 후안이다. 그는 매번 똑같은 술수를 써서 여자들을 유혹하며, 결코 한 여자와 아주 오랜 관계를 맺는 일 없이 다음 정복대상을 찾아 나선다.

카뮈는 돈 후안이 사실 애타게 참사랑을 찾아 헤매고 있다든가, 울적하다든가, 상상할 수 없을 만큼 매번 똑같은 수법을 써먹는다든가, 냉정한 이기주의자라든가, 노년이 비참할 것이라는 등의 모든 비난을 무시해 버린다. 이런 비난들은 모두 돈 후안이 궁극적으로는 자기를 일상적인 유혹의 차원을 넘어선 곳으로 데려갈 무언가를 찾고자 하지만, 그 초월적 경지에는 도달할 수 없다고 가정하는 듯하기 때문이다.

따라서 카뮈는 그 반대로 돈 후안을 자신의 한계를 알

고 현재라는 순간의 열정을 위해 살아가는 인물로 묘사하고 있다. 돈 후안은 인생에서 어떤 초월적인 의미를 찾겠다는 희망 없이 살고 있으며, 자신의 유혹행위가 무의미하다는 것을 인정한다. 참사랑을 애타게 찾는 것이 아니라 반복되는 정복을 계속 경험하고 싶을 뿐인 것. 그는 우울하지도 않다. 만약 그렇다면, 그 이상의 무언가를 희망하거나 자신이 알아야 할 것을 전부 알고 있지 않다는 말이 되기 때문이다. 상상력이 빈곤하기 때문에 매번 똑같은 유혹 수법을 쓰는 것도 아니다. 그는 즐거움의 질이 아니라 양에 관심이 있으며, 따라서 똑같은 수법으로도 항상 원하는 목표를 달성한다면 구태여 그 수법을 바꿀 이유가 어디 있겠는가? 그는 냉혹하게 이기적이지도 않다. 물론, 나름대로 이기적일지 모르지만, 결코 유혹하는 여자를 소유하거나 지배하려고 들지 않기 때문이다. 그는 자기 행위의 결과로 인해 고통을 받지도 않을 것이다. 자신이 어떤 인간이고 노년이 예고하는 것을 충분히 자각하고 살기 때문에 많은 나이와 무기력에 결코 맥없이 당하지는 않을 것이다. 그러나 신을 믿지 않는 그가 만년에 수도원에 은거했다는, 기다리고 있었으나 자원한 것은 아닌 그 종말은 경멸할 만하다.

이 책은 본격적인 철학서라고 할 수는 없다. 카뮈는 자신이 취하는 철학적 태도를 입증하는 일 따위나 자신의 주장이 참인지 거짓인지에 대해서는 크게 관심이 없다. 그의 관심은 삶의 기술에 있다. 따라서 어떤 진실을 추구하려 드는 대신, 형이상학적 성찰에 의지하지 않는 삶의 방식을 찾으려 하고 있다. 어떻게 살 것인가에 관한 문제에 주로 관심을 갖다 보니 자연히 부조리한 삶에 대해 실질적 논의를 펼치게 되는 것이다.

부조리한 인간과 그렇지 않은 나머지 사람들이 다른 점은 겉으로 드러나는 행동보다는 그 행동에 대해 취하는 내면적인 자세다. 돈 후안과 보통 바람둥이의 차이는 행동이 아니라 행동에 대한 마음자세인 것. 세상 사람들은 카뮈가 변호하는 돈 후안에 대해 그저 평범한 바람둥이에 불과하다며 온갖 비난을 해댈지 모르지만, 돈 후안에게는 유혹이 전부라는 점에서 차이가 있다. 돈 후안은 참사랑을 찾거나 울적한 기분을 달래기 위해 여자를 유혹하는 것이 아니라 단지 유혹 자체를 즐길 뿐이다. 즉 자신의 삶이 무의미하다는 것을 인정하며, 자신의 행동은 현세에만 영향을 미칠 뿐이라고 생각하는 부조리한 인간인 것이다.

카뮈는 순진무구한 품성을 부조리한 인간의 특성이라

고 말하는데, 필시 그리스도교의 죄의 개념과 대비되는 의미로 사용하는 것 같다. 가톨릭 교리에 따르면, 인간은 아담과 이브의 원죄로 낙인이 찍혀 태어나면서부터 모두 죄인이다. 언제나 죄의식을 지닌 채 살아가며 죄를 용서받고 하늘나라에 들어가려 애쓰는 그리스도교 신자들의 삶은 타고난 내면의 악과 선을 향한 자신의 모든 능력 사이의 광대무변한 싸움에 초점을 맞추고 있다. 그러나 부조리한 인간은 죄의식을 부정하고, 신의 심판에 대한 두려움이나 광대무변한 선과 악의 싸움이 있다는 생각 때문에 그의 선택과 행동이 영향을 받는 일이 없으며, 원하는 것을 못하게 만드는 내적인 장애도 없다. 이런 의미에서, 부조리한 인간의 순진무구에는 일종의 성실성도 수반되기 때문에 자신의 흥미와 욕망에 충실한 삶을 영위할 수 있다. 그에게는 '내가 좋아하는 것이 선이고 싫어하는 것이 악'이라는 의식 이외에는 어떤 도덕률도 필요하지 않다.

도덕률이 없다면, 다른 사람들에게 해가 되거나 범죄에 해당하는 행위를 막을 방도가 없지만, 카뮈는 이 문제에 대해서는 크게 문제 삼지 않고 부조리한 인간의 행동 자체보다는 그가 행동에 대해 취하는 마음자세에 초점을 맞춘다. 일련의 사례들을 통해 부조리한 인간의 개념을 설명함으로써 부조리한 삶이 실제로 낳을 수도 있는 결과의 문제에 대해서는 생각해 보려 하지 않는 것이다. 연쇄살인범이 부조리한 삶을 살 수 있을까? 돈 후안이 여자들을 유혹하듯 도덕적 가책이나 죄의식 없이 사람들을 죽일 수 있을까? 만약 그렇다면, 카뮈의 부조리의 철학은 우리에게 어떤 유보조항을 제시할 수 있을까? 카뮈는 부조리한 인간이 보통사람들보다 더 해롭지는 않다고 생각하는 것 같으면서도 정작 납득할 만한 이유는 결코 제시하지 않고 있다.

어떤 종류의 도덕률에서 벗어나 산다는 식의 이상적인 생각은 아무래도 '선과 악을 넘어서'는 삶의 개념을 주창했던 니체의 영향이 크다. 비록 표현 방식은 크게 달라도 카뮈가 전념하는 문제와 궁극적 결론인 사유의 방향에서는 니체의 흔적이 뚜렷이 나타나고 있는 것이다. 카뮈의 부조리 개념은 니체가 '허무주의'라고 특징짓는 것과 흡사하고, 부조리한 인간은 니체의 '자유로운 영혼'의 개념과 여러 면에서 유사하다.

# 연극



　부조리한 인간의 원칙에 부합하는 두 번째 삶의 유형은 배우다. 인간은 현실에서는 불가능한 것들을 허구 속에서는 실현할 수 있기 때문에 연극에 끌린다. 배우로서의 부조리한 인간은 자신의 삶과는 다른 삶들을 단지 관찰하고 상상해 보는 것으로는 만족하지 못하고 다양하고 치열한 수많은 삶들을 연기자로서의 삶 속에 압축시킨다.

　배우의 삶과 그 배우가 연기해내는 극중 인물들의 삶은 길지 않다. 모든 예술가들 가운데 배우의 명성이 가상 덧없다. 여기서 카뮈는 영화에서 불멸성을 얻는 영화배우가 아니라 연극배우를 지칭하고 있다. 카뮈의 당대는 물론, 심지어 오늘날에도 지나간 연극공연이나 출연 배우의 성공작들을 기록으로 남기기는 어렵기 때문에 그 명성과 영광은 관객의 반응 정도로 제한된다. 소설가는 사후에 유명해지기를 바랄 수도 있지만, 배우는 자신의 명성이 그저 무대의 연기자로 사는 동안만 지속될 뿐이란 사실을 잘 알고 있다.

마찬가지로 연극의 등장인물들도 기껏해야 세 시간짜리 존재에 불과하다.

위대한 문호의 명성은 사후 500년까지도 이어질 수 있는 반면, 위대한 배우의 모습이나 연기는 배우가 세상을 떠나는 것으로 끝난다. 그러나 시간의 광대무변함이라는 부조리를 자각하면 죽은 뒤의 일은 무의미해진다. 앞으로 1만 년 쯤 흐르면 위대한 문호 괴테*의 이름은 잊혀질 것이고 작품들마저 남아나지 않을 가능성이 크다. 인간은 사후에도 자신의 이름이 기억되리라고 생각하면서 작은 위안이나마 얻을지 모르지만, 좀더 멀리 내다보면 사후에 주어질 어떤 불멸성이나 초월적 의미를 바랄 수 없다. 영광이란 모두 덧없는 것이다. 이런 깨달음은 우리의 관심을 가장 확실한 것, 즉각적인 것으로 향하게 해준다.

배우는 자신의 업적이 미래나 사후에 인정받을지 모른다는 따위의 망상으로부터 자유롭게 살아간다. 그리고 자신의 연기는 그 자체 이외에는 아무런 의미가 없다는 부조리한 자각과 함께 살기 때문에 다른 분야의 예술가들보다 더 현재를 살아야 한다.

배우는 자신의 사사롭고 내면적인 세계 같은 것에 지나

---

* **괴테**(Johann Wolfgang von Goethe, 1749-1832): 독일 시인, 극작가, 정치가, 과학자. 정신적 편협성을 경계하고 인류애를 강조하며 세계인으로 사고하고 창작하고 행동했다. 주요 작품은 희곡 〈파우스트〉 등.

치게 사로잡히지도 않는다. 그들의 작업은 극중 인물의 내면 상태를 관객들이 이해하도록 그리는 것이다. 따라서 자신의 사사로운 면이라든가 자제심 같은 것은 전혀 가치가 없으며, 늘 자신을 표현하고 이해시키기 위해 애쓴다. 배우가 수많은 인간의 내면을 표현하고 이해시키는 수단은 오로지 육체와 목소리뿐이기 때문에 배우는 모든 것을 육신으로 만들어 표현하지 않으면 안 된다. 따라서 정신과 육체의 구별, 내면 상태와 외적 상태 사이의 장벽이 허물어진다.

그 결과, 단 하나의 삶/영혼의 통일성과 미래를 위한 삶, 즉 내세를 위한 삶의 중요성을 강조하는 교회는 당연히 연극을 반대할 수밖에 없었다. 배우는 많은 삶을 살아가는 것과 현재 속에서 그 많은 삶을 살아가는 것을 강조하기 때문이다. 배우는 다른 경험들의 질이 아니라 양에 관심이 있고, 영원한 삶보다는 장수 쪽에 더 가치를 둔다.





연극은 카뮈에게 익숙한 분야다. 제2차 세계대전 이전에 언론인 생활을 하면서 전위극 극단을 직접 창단하고 운영했던 것. 1939년에 공연된 첫 번째 희곡 〈칼리귈라 Caligula〉는 부조리라는 주제를 다루고 있다.

어떤 역할을 연기한다는 관념이야말로 카뮈가 부조리

한 인간의 전형이라고 생각하는 것의 핵심이고, 따라서 그가 배우의 삶을 부조리한 삶의 유형 가운데 하나로 취한 사실은 전혀 놀라운 일이 아니다. 부조리한 인간은 자신의 인생이 무의미하다는 것과 자신의 행동에는 (최소한 자신이 확신할 수 있는 한) 광대무변한 중요성이 없을 것이란 점을 자각하고 있다. 이 같은 자각이 형편이 달라져야 한다는 욕구와 합쳐지면, 부조리한 인간은 결코 자신을 진지하게 받아들일 수 없게 된다. 그는 어떤 행동에도 전력을 기울이지 못하고, 궁극적으로는 자신의 행동이 헛되다는 점을 항상 자각하고 있는 것이 틀림없다. 예를 들어, 부조리한 인간은 미친 듯이 사랑할 수 없다. 자신과 연인은 그들로서는 거의 자제할 수 없는 본능적인 성적 충동에 따라 움직이는 하등동물에 불과하다는 사실을 항상 자각하고 있기 때문이다. 그는 연애 개념을 전적으로 진지하게 받아들이지 못하면서도 어떤 부류의 인간적 접촉을 유지하기 위해서는 반드시 '마치' 좋아하는 것처럼 행동한다.(어느 정도는 그런 감정을 좋아하지만, 결국에는 부질없다는 것도 인정한다.) 부조리한 인간은 인정이 넘치고 사랑을 느낄 수 있지만, 그런 감정에 몰입하지 못하게 만드는 모순된 자각도 반드시 항상 지니고 있다. 어떤 특별한 관점에 매몰되지 않도록 막아주는 고매한 의식이 언제나 깨어 있기 때문에 특별한 감정들을 풀어낼 때조차 완전한 실제가 아니라 어느 정도 '연기'

를 하고 있는 것이다.

이런 의미에서 배우는 부조리한 인간의 묘사와 완벽하게 맞아떨어진다. 배우들은 계속 새로운 역을 맡아 철저히 그 삶을 연기하면서도 이것은 자신들이 아니라는 것, 자신은 궁극적으로 어떤 거짓을 행하고 있다는 것, 즉 그들의 모든 엄청난 열정에 비현실적이고 거짓인 무언가가 존재한다는 것을 자각하고 있다. 극중 인물이 겪는 고통이나 경험은 그의 운명이 연기되는 불과 세 시간 정도만 지나면 아무런 중요성도 지니지 않게 된다.

제임스 우드는 〈시지프 신화〉는 은유에 의해 종종 짓눌린다고 지적하면서 과연 카뮈가 비유를 넘어서는 삶의 방식을 묘사하려고 애썼는지 의문을 표한다. 크게 보면, 부조리한 삶은 자각하면서 연기하듯 살아가는 자세의 문제인 것 같다. 카뮈는 부조리한 삶을 살아가는 것이 우리가 참되게 살 수 있는 유일한 길이라고 납득시키기를 원하지만, 그의 분석에 의하면 이러한 삶은 대개 참되게 살아가지 않는 사람들의 삶과 열정을 가장하고 모방하는 것이다.

우리는 부조리한 삶으로부터 나오는 반항, 자유, 열정을 배우의 삶에서 모두 볼 수 있다. 통일성과 명확성에 대한 인간의 욕구와 실제 우주의 무의미함 사이의 모순이 부조리를 규정하는 것이고, 그 모순에 맞서는 투쟁이 부조리한 인간의 반항을 규정한다. 무엇보다도 통일성과 명확성을 원하는 부조리한 인간은 실패할 일인 줄 알면서도 그것을 실현하기 위해 투쟁한다. 한편으로는 자신이 연기하는 각각의 역할이 다른 역할들처럼 유한하고 공허하다는 것을 자각하고, 다른 한편으로는 의미와 명확성을 끊임없이 찾으면서 이들 다양한 역할들을 연기해내는 것이다. 삶을 발견하고 싶고, 언제나 그가 연기를 하고 있을 뿐이라고 말하는 현실의 얄궂음에서 벗어나 살 수 있기를 원하기 때문에 가능한 한 많은 삶을 살고자 하는 것이다.

배우는 행동과 사유의 자유도 자각하고 있다. 그는 살아가는 동안 많은 역할을 맡기 때문에 그의 행동은 자신이 연기하는 것이라고 간주하는 어떤 특정한 역할에 의해 결정되지 않는다. 우리 대부분은 인생 전반에 걸쳐 자신이라는 한 가지 역할만 맡게 되고, 무의식적으로 우리 행동은 자신이 창조한 자아상을 실현하기 위한 시도들에 의해 결정되도록 내버려둔다. 배우는 많은 역할을 연기할 수 있는 자유가 있고, 우리들 대다수보다 자아상이 결정과 행동에 정보를 줄 수 있는 방법에 대해서도 더 잘 알고 있다.

부조리한 인간의 열정은 현재를 살고 경험의 강도를 소중히 여긴다는 뜻이다. 배우는 수백에 달하는 다양한 사람들의 열정을 연기하고, 그토록 엄청나게 풍부한 경험을 아주 짧은 시간 속에 집약한다.

# 정복



카뮈는 현재를 사는 삶과 영원한 이상을 동경하는 관조의 삶을 확연하게 구분한다. 후자의 형태를 하나 꼽는다면 반드시 그렇지는 않더라도 이 세상사에는 별로 관심이 없고 사람들에게 영원과 신을 접하게 하는 일에 더 관심이 많은 종교적인 사람들이다. 전자의 형태는 정복자인데, 철저하게 자기가 현재 거주하고 있는 세상을 위해 살려고 한다. 그는 정치적인 문제에 가장 큰 관심을 쏟고 정치적인 투쟁에 열정적으로 뛰어들지만 역설적으로 자신의 부생이 하찮다는 것을 깨달을 수밖에 없으며, 세상이나 인간의 본성을 바꿀 수 있다는 기대도 하지 않는다. 궁극적으로 그를 만족시켜줄 유일한 승리는 세상을 영원히 바꿀 영원한 승리뿐인데, 그런 종류의 초월성이 불가능하다는 사실을 잘 알고 있는 것이다.

부조리한 인간이 정복이나 반란에 이끌리는 이유는 인간의 잠재력을 최대한 끌어내기 때문이다. 정치적 봉기에 가담하는 사람들은 인간적인 삶의 존엄과 인간적인 삶에 필요한 것, 그리고 사람들 사이에 존재하는 관계에 전적으로 초점을 맞춘다. 그리고 자신들이 추구하는 목적과 목표를 분명히 규정해 놓았기 때문에 자신과 자신들의 능력에 대해서도 충분히 알고 있다. 사람들은 반역할 때, 만족과 무력감을 느끼지 않게 되고, 자신들이 세상에 미칠 수 있는 엄청난 영향력을 깨닫게 된다. 그런 의미에서, 반역자나 정복자는 매력적인 인물이다. 외적인 적을 제압해서가 아니라 어떤 의미에서는 자신의 잠재력을 충분히 발휘하는 과정을 통해 자신을 극복하기 때문이다. 그러다 보니 교회는 자연스레 그러한 정복자들을 반대했다. 영원한 관심사보다 세상의 관심사를 우선시하기 때문이다.

카뮈는 바람둥이, 배우, 정복자는 부조리한 삶의 세 가지 극단적인 예에 불과하다면서 이 부분의 결론을 내린다. 부조리는 어떤 삶의 방식이 아니라 어떤 마음자세를 수반한다. 정직한 사람, 관리나 정치가라도 자신의 모든 투쟁이 부질없고 무의미하다는 점을 계속 자각하고 현재의 순간 속에서 일관되고 성실하게 살아가기로 작정하는 한, 부조리한 삶을 살 수 있다는 것.

카뮈는 이 부분에 "정복 Conquest"이란 제목을 붙이고 정복자의 삶을 논하지만, 그 내용은 대부분 제2차 세계대전 당시 프랑스 레지스탕스로 활동했던 경험담인 것 같고, 세계 정복보다는 반항과 봉기에 더 관심이 있는 듯하다. 부조리한 인간에게는 모든 투쟁은 부질없는 것이고 어떤 승리도 영원하지 않지만, 그의 삶을 규정하는 것은 희망 없는 투쟁이다. 따라서 카뮈는 자연스레 투쟁이 더 치열할 수밖에 없는 실패로 돌아간 목표와 패자(敗者)들의 투쟁을 선호한다.

카뮈는 실존주의 철학자로 분류되거나 다른 실존주의 철학자들과 함께 거명되는 일이 잦지만, 결코 실존주의자라고 자칭한 적이 없으며 많은 실존주의적인 결론들과도 큰 거리를 두었다. 심지어는 관심사조차 실존주의적인 사고와는 현저하게 달랐다. 돈 후안주의를 거론한 부분에서 보았듯이 카뮈에게 가장 큰 영향을 미친 인물은 니체인데, 지금 여기서도 용어를 그대로 빌려 쓸 만큼 니체의 영향력은 확연히 드러난다. 니체가 '자기극복'이란 개념을 어떤 뜻으로 쓰고 있는지 잠시 살펴보면, 카뮈가 어떤 근거에서 이 부분의 논의를 전개하는지 분명히 이해할 수 있다.

니체는 모든 인간은 남을 섬기거나 섬김을 받는, 즉 지

배하거나 복종하는 잠재력을 갖고 있다고 간주한다. '사람
은 피조물인 동시에 창조자'라는 것이다. 인간을 움직이는
가장 근본적인 힘은 소위 '권력에의 의지', 즉 어떻게 해서
든지 제약에서 벗어나려 하고 다른 사람의 의지를 가능한
한 많이 지배하려는 의지다. 인간의 내면에 자리 잡고 있는
이 '권력에의 의지'는 표면적으로는 다른 사람들을 종속시
키고 다스리려는 짐승 같은 욕망이며, 그처럼 짐승 같은 사
람은 지배하고 섬김 받기만을 원하겠지만, 좀더 치밀하고
고상한 사람은 권력에의 의지를 자신에게 향하도록 만들어
다른 사람들보다는 자신을 지배하려 노력한다. 즉 동물적
본능을 극복하고 독립적으로 생각하고 행동하는 법을 배우
는 것이다. 이런 사람은 지배자이면서 피지배자이고, 창조
자인 동시에 피조물이다. 니체는 이처럼 내면적인 삶을 심
화시키고 풍요롭게 하는 과정을 '자기극복'이라고 불렀다.

  이 같은 내용을 고려할 때, 반란자들의 투쟁은 타도의
대상이 되는 적보다 자기 자신을 이기는 쪽이 더 중요하다
는 카뮈의 주장은 결코 우연이 아니다. 궁극적으로 연극배
우에게 사후의 명성 같은 것이 부질없듯이 정복자에게 승
리는 하찮은 것이다. 양측 모두에게 중요할 것 같은 유일한
종류의 업적은 어떤 초월적인 업적, 즉 어떤 정해진 기준에
따라 그들의 삶과 작업에 의미를 부여해 주는 것이라고 할
수 있지만, 그들은 인생에는 발견할 수 있는 의미나 초월성

이 없다는 점과 자기들이 처한 위치의 부조리를 인정한다. 거대한 우주의 운행 안에서 한 인간의 미미한 성공 따위는 아무런 영향력도 발휘하지 못한다. 부조리한 의식을 지닌 반역자는 적을 제압하는 승리가 인생에 의미를 주지 않을 것이고, 자신의 투쟁이 성공하든 실패하든 현재를 넘어서면 결국 중요하지 않다는 점을 알고 있다. 그럼에도 불구하고 그는 그 투쟁 자체를 위해 더욱 창의성을 발휘하고 주변의 세상에 좀더 관여하게 된다. 비록 그의 투쟁이 자신이 반대하는 정치세력을 이기지 못할지 모르지만, 투쟁 자체는 소위 자신을 극복하는 법, 즉 인생의 부조리와 강렬함에 정면으로 맞서는 법을 가르쳐줄 것이다.

바람둥이와 연극배우의 모습을 카뮈 자신의 삶으로 해석할 수도 있지만, 정복자에 관한 논의는 뚜렷하게 자서전적이다. 카뮈는 이 책을 제2차 세계대전 당시 프랑스 레지스탕스 활동을 할 때 썼다. 정복자에 대한 카뮈의 논의에서 우리는 자신의 선택으로 정치적 투쟁에 뛰어드는 것이 아니라 상황 때문에 어쩔 수 없이 투쟁에 나서는 인물의 초상화를 본다. 자신의 압제자들에 대한 도덕적 분노 같은 것은 없고, 그저 그들의 압제로 인해 반항이 유일하게 만족스러운 삶의 양식(樣式)이 되었다는 감정뿐이다. 프랑스 국민들의 자유—특히 표현의 자유—를 엄격하게 제한했던 나치 치하에서는 레지스탕스 활동이 자기표현과 자기실현을 가능케 해주는 유일한 출구가 되었던 것.

　끝으로 카뮈가 부조리한 인간의 특징이라고 꼽은 반항, 자유, 열정을 정복자와 연결시켜보자. 정복자는 확실히 글자 그대로 반항상태에 있지만, 자신이 맞서 투쟁하는 정치세력에 반대할 뿐만 아니라 자신의 투쟁이 거대한 우주의 운행 안에서는 아무런 영향력도 발휘하지 못할 것이라는 부정할 수 없는 사실에 대해서도 반항하고 있다. 그의 자유는 말 그대로 그의 정치적 투쟁과 연결되어 있다. 그는 반항을 통해 타자가 강요하는 법과 질서를 받아들이지 않으려 하면서, 원하는 대로 생각하고 행동하는 자유를 위해 싸우고 있다. 부조리한 인간은 지금 이 순간, 자기 자신, 그리고 주변 사람들을 위해 자신의 투쟁에 에너지를 쏟아 붓는다. 이런 직접성의 감정이 바로 정확히 카뮈가 의미하는 열정이다.

# 철학과 소설

**: 요점정리**

이 부분에서는 부조리한 삶의 전형인 예술적 창조—특히 소설 집필—에 대해 논하고 있다.

이미 보았듯이 부조리한 인간은 일종의 무언극 같은 삶을 살아간다. 자신의 행위들이 부조리하고 무의미하다는 것을 자각하고 있기 때문에 아주 진지하게 받아들이지 못하고, 자신의 행위와 상호작용들에 완전히 빠져 살기보다는 자신의 삶을 연기하는 일종의 무언극에 출연하고 있다고 생각하는 것.

만약 부조리한 삶이 한 편의 무언극으로 펼쳐지는 것이라면 창조행위야말로 단연 최고의 무언극이라고 할 수 있다. 예술가는 우리가 몸담고 사는 세상을 모방한 세상을 통째로 고안해낸다. 부조리한 인간은 인생을 설명하지 않고 다만 묘사하고 싶을 뿐이다. 예술작품은 인생의 다양한 양상이나 인생에 대한 관점들을 반영하지만, 어떤 것도 거기에 보탤 수 없다. 인생 자체가 그렇듯 예술작품에서도 어떤

의미나 초월성을 발견할 수 없으나 세상에 관한 자신의 관
점을 주장하는 창조적인 행위는 부조리한 인간의 반항, 자유,
열정을 가장 잘 드러내 보여준다.

생각하는 충동과 창조하는 충동은 삶의 부조리라는 근
본적인 모순을 직면할 때 느끼는 근심으로부터 비롯된다.
사상가들은 일반적으로 그 같은 근본적 모순을 회피하기
위해 신앙이나 희망으로 비약한다. 카뮈는 이런 논리가 창
작에도 적용될 수 있는지 묻는다. 사람은 부조리로부터 도
피하기 위해 불가피하게 예술을 이용하는 것인가? 아니면,
부조리한 예술이 존재할 수 있는가?

카뮈는 예술과 철학을 구분하려는 노력은 모호하고 부
정확할 수밖에 없다고 넌지시 말하면서, 특히 철학자는 자
신의 체계 안에 머물며 작업하는 반면, 예술가는 자신의 체
계 바깥으로부터 창조한다는 주장을 반박한다. 예술가와 철
학자는 모두 세상에 대한 그들의 특정한 관점을 안출해내
기 위해 작업하며, 창조적이기 위해서는 반드시 그 관점 안
에 살아야 한다는 것.

부조리한 예술작품은 설명하려 들지 말고 묘사에 만족
해야 한다. 즉 무언가 좀더 거창한 것을 예시하려 들지 않고,
인생의 어떤 의미나 위안을 지적해 보이려고 애쓰지 않아
야 한다. 부조리한 인간이 초월성을 바랄 수 없듯, 부조리한
예술은 초월성을 약속하지 않는다. 엉터리 예술작품은 사

물의 이치에 관한 보편적인 그림을 제시하려 함으로써 암
묵적인 요구 속에서 그 예술 자체를 짓누르겠지만, 훌륭한
예술작품은 어떤 관점, 어떤 특정한 경험을 묘사할 수 있을
뿐이고 보편적이거나 일반적인 것들은 모두 암시적인 수준
에서 내버려둔다. 훌륭한 예술가는 사는 것에도 능숙하다.
경험의 생생한 본질에 민감하고, 그 본질을 감동적으로 다
른 사람들과 공유할 수 있는 것.

시각 예술과 음악은 경험 차원에서 우리에게 영향을
미치며, 따라서 설명하지 않고 묘사한다는 부조리한 이상을
별 어려움 없이 달성한다. 그러나 언어란 본래 설명하기 위
해 준비되고 설명에 적합한 것이기 때문에 카뮈는 부조리
가 소설 속에서 잘 지탱될 수 있는지 생각해 본다. 철학자
와 마찬가지로 훌륭한 작가는 자기 역시 몸담고 살아가는
세계를 창조하지만, 추론보다는 이미지라는 수단 통해 어
떤 생각을 드러내 보인다. 문제들을 설명하려는 시도보다
는 감각적 외관을 선호하기 때문이다. 그러나 부조리한 작
가는 진실성을 유지하기 위해 자기 작품의 무용성(無用性),
즉 그 작품이 작가 자신이나 다른 사람들에게 어떤 명료함
이나 초월성을 가져다주지 못할 것이란 점을 반드시 의식
하고 있어야 한다. 만약 작품 속에서 부조리의 계율이 지켜
지지 않거나 작품이 환상의 제물이 되어 희망을 사주한다면,
더 이상 무용한 것이 되지 못하기 때문이다.

부조리를 의식하지 못하고 평범한 삶을 영위하는 사람은 희망과 야망에 의해 움직여진다. 인생에는 무언가 '할 만한 가치가 있는 일'이 존재한다고 생각하는 것. 카뮈는 인생에는 할 만한 가치가 있는 일이 존재한다는 통념과 인생은 틀림없이 의미가 있다는 생각을 자주 어색하게 연계시킨다. 이 같은 연계에 대해서는 아무래도 의문을 제기할 수밖에 없지만, 그래도 대다수 사람들이 인생은 살 만한 가치가 있다고 생각한다는 주장은 옳다. 반면, 부조리한 인간은 자신이 하는 일은 실제로 하찮은 것이란 자각 속에 살고 있다.

본질적으로 망상에서 벗어난 삶을 살고 있는 부조리한 인간은 우리의 모든 행위, 열정, 생각 등이 궁극적으로는 보잘것없다는 것을 알 수 있으며, 동시에 그저 계속 살아가는 것 이외에는 달리 선택이 없다. 그는 다른 사람들이 무의식적으로 역할들을 연기하는 것을 볼 수 있으며, 자기도 그들처럼 '척'하기로 작정한다. 그러나 그는 존재의 부조리를 깨닫고 있기 때문에 어떤 역할을 연기하고 있다는 사실을 자각하고 있는 반면, 보통사람들은 더 없이 행복하게 모르고 있다.

"이 세상은 온통 하나의 연극 무대이고 모든 남녀는 배우에 불과하다"는 셰익스피어의 말에 카뮈보다 더 적극적으로 동조할 사람은 없을 것 같다. 부조리한 인간은 스스로 배우에 불과할 뿐이란 사실을 자각하고 있는 반면, 보통사람들은 자신이 배우 이상의 대단한 무엇인 양 착각하는 것이 부조리한 인간과 보통사람들의 차이다.

심지어 아리스토텔레스 이전과 그 이후에도 예술은 인생의 모방이란 말이 널리 통용되었다. 그리스인들은 예술이 모방한 인생을 미메시스(mimesis)라고 표현했는데, 오늘날 영어의 무언극(mime)의 뿌리다. 부조리한 인간은 무언극을 펼쳐 보이는 것이고 창조적 행위는 최고의 무언극이라는 카뮈의 말은 아무래도 그리스인들의 미메시스 개념을 염두에 두었던 것 같다.

예술은 실제 삶을 모방하기 때문에 모방적이다. 우리 인생 역시 모방적이고, 우리는 결국 무의식적으로 자신의 역할을 해내는 무대 위의 배우에 불과하다. 그렇다면, 인생이 모방하는 '참된 삶'이란 도대체 무엇인가? 인간은 인생에는 의미가 있으며 인간의 영혼은 영원하다는 망상을 지니고 살아간다. 우리는 실제로 의미가 있는 어떤 삶을 모방하여 우리의 역할을 해내고 있다는 것이다. 부조리한 인간은 비슷하게 행동하면서도 연기하고 있을 뿐이라는 것을 자각하고 있다. 그렇다면, 부조리한 인간이 지닌 고도의 자각도 고작해야 자신의 인생이 그저 연기에 불과하다는 의식에 불과한 것처럼 보인다.

카뮈는 부조리한 예술작품을 논하면서 작가들에게 세상을 설명하려 들지 말고 묘사만 하라고 권한다. 설명은 경험에 대해 어떤 질서를 강제하고 이 세상을 이해하려는 시도이며, 따라서 우주의 불합리를 단순히 수용하고 자각하는 일을 넘어서려고 애쓰는 것이다. 부조리한 예술가는 세상이 왜 그런 상태인지 설명하려 들지 말고 자신이 바라보는 세상을 충실히 묘사해야 하며, 자신의 세계관을 기입하기 위해 이미지를 사용해야 한다. 카뮈 자신의 소설도 의미심장한 이미지로 가득하다. 〈이방인〉은 알제리의 뜨겁고 메마른 풍경이 무대이며, 〈시지프 신화〉도 이미지가 풍성하다. 예술작품은 세상을 있는 그대로 충실히 모방하지 말고, 그 작품을 세상에 대한 예술가의 독특한 관점을 반영하기 위해 이용해야 한다. '인생이란 이런 것'이라고 말하려는 시도는 결국 오류일 수밖에 없으며, 예술가는 '내가 보기에 인생이란 이런 것'이라고 말하는 것으로 만족해야 한다.

카뮈는 바로 〈시지프 신화〉에서 자신이 제시한 원칙을 어기는 것처럼 보일 수 있다. 그의 문체는 정확히 소설을 위해 추천한 것이지만, 〈시지프 신화〉는 소설이 아니다. 게다가 이 책은 비록 자신의 생각을 예술적인 방식으로 전하면서도 '인생은 이런 것'이라며 설명도 시도하고 있다. 그러나 실제로는 그 원칙을 어기고 있더라도 불가피한 일이라고 대변할 수 있을 것 같다. 만약 카뮈가 자신의 부조리한 철학을 설명하려 들지 않는다면 우리는 그런 설명이 일반적으로 잘못되었다고 인정하지 않을 것이다. 루드비히 비트겐슈타인*은 〈트락타투스 로지코-필로소피쿠스 *Tractatus Logico-Philosophicus*〉에서 비슷한 경향의 추론을 따른다. 책의 끝부분에서 자신의 명제들이 헛소리라면서도 우리는 그것들을 읽어야만 비로소 그것들이 헛소리라는 것을 인정하게 되고, '세상을 제대로 보게' 된다고 단언하는 것. 그러나 비트겐슈타인과 달리 카뮈는 자신의 작품이 이런 식으로 모순된 말을 할 수 있다는 사실을 모르는 것 같고, 그 난관을 벗어나기 위해 아무런 노력도 기울이지 않고 있다.

---

* **루드비히 비트겐슈타인**(Ludwig Wittgenstein, 1889-1951): 오스트리아 출신 영국 철학자. 철학이란 해결할 수 없는 문제에 대한 논의가 아니라 낱말들의 사용을 기술하는 것이므로 언어를 명료하게 쓸 수 있다면 인간 세계의 인식을 둘러싼 모호한 문제들이 해소된다고 주장했다. 주요 저서는 〈논리철학 논고〉 등.

# 키릴로프



　카뮈는 사례 연구로 표도르 도스토예프스키*의 작품들, 특히 〈악령 *The Possessed(The Devils)*〉에 대해 검토한다. 카뮈의 주장에 따르면, 도스토예프스키는 부조리한 추론에서 출발하고, 거기에 사로잡혀 있다. 도스토예프스키가 보는 세상은 신과 사후세계가 있고 존재는 영원한 것이든가, 아니면 존재는 허망하며 인생이란 잔인한 농담에 불과한 것이든가 둘 중의 하나다. 그는 주로 형이상학과 인생의 의미에 관심을 기울이기 때문에 부조리한 관심사를 지닌 근대 작가지만, 이 문제들을 형이상학적 개념으로서 다루기보다는 도덕적 문제들을 바탕으로 인간의 삶에 어떻게 영향을 주었는지를 파헤쳤기 때문에 철학자가 아니라 예술가다.

　〈악령〉의 주인공 키릴로프는 소위 '논리적 자살'을 감행한다. 인생이 살 만한 가치가 있으려면 신이 반드시 존재

* **표도르 도스토예프스키**(Fyodor M. Dostoevsky. 1821-81): 러시아 작가. 당시 사회를 비판하고 분석하는 작품을 통해 부르주아 지식인의 관점에서 근대화로 소외된 사람들에 대한 애정을 표현했다. 주요 저서는 〈죄와 벌〉 등.

해야 하는데, 신은 존재하지 않고 존재할 수도 없다고 확신하고 있는 것이다. 그의 자살은 본질적으로 신이 존재하지 않는다는 생각에 대한 반항이다. 그는 행동이 반항에서 비롯되고 자유의 정신에서 행해진다는 점에서는 부조리한 인물이지만, 자살한다는 점에서 부조리한 인물과 본질적으로 차이가 있다. 그러나 키릴로프의 자살은 절망의 행위가 아니라 어떤 의미에서는 '신이 되기'를 희망하는 창조적 행위다.

카뮈의 추론은 "만약 신이 존재하지 않는다면 키릴로프가 신이다"는 독특한 단언으로 시작된다. 그리스도교의 세계관에 따르면, 만사는 신의 뜻에 달려 있고, 인간이 행하는 모든 것은 신을 섬기기기 위한 일이다. 그러나 신이 된다는 것은 이 세상에서 자유로워진다는 것, 그 어떤 불멸의 존재도 섬기지 않는다는 것이다. 만약 신이 존재하지 않는다면, 모든 것은 우리에게 날려 있나. 신이 존재하지 않는 세상에서는 신이 차지했을 지위를 우리 인간이 차지하는 것이다.

그러나 문제는 신이 존재하지 않는 세상에서조차 대다수 사람들은 계속 온갖 맹목적인 희망을 품고 살아가며 자신들이 물려받은 자유를 받아들이지 못하고 누군가가 인도해 주기를 바란다는 점이다. 오늘날의 세계에서는 사람들이 자유를 갖고 살 수 있는 방도가 없지만, 키릴로프가 보여주려고 했듯이 이 자유를 갖고 죽을 수는 있다. "나는 나의 자유를 긍정하지 않으면 안 되기 때문에 불행하다." 그러나 그의 자살은 본질적으로 우리 모두는 부조리한 자유를 갖고 있기 때문에 자기를 본받는 사람들은 좀더 자유롭게 살 수 있을지 모른다는 것을 자기희생을 통해 세상에 보여주려는 시도다.

도스토예프스키는 키릴로프라는 인물과 자신이 일반적으로 다루는 문제들을 통해 부조리한 세계관을 제시하지만, 궁극적으로는 부조리의 결과로부터 서서히 물러나 신앙으로 비약한다. 그의 마지막 작품 〈카라마조프 가의 형제들 The Brothers Karamazov〉은 사후세계가 있다는 알료사의 단언―"우리는 (그곳에서) 만나 그동안에 있었던 일들을 즐겁게 나누게 될 거야."―으로 끝을 맺는다. 이렇듯 인간은 자신의 신성을 행복과 맞바꾼다. 도스토예프스키는 비록 부조리한 주제들과 씨름했지만, 결국 신을 믿은 것이다. 부조리한 작품은 답을 제시하지 않는다. 이런 의미에서 카뮈는 도스토예프스키가 부조리주의자라기보다는 실존주의자라고 결론짓는다.



도스토예프스키는 키에르케고르, 니체와 함께 실존주

의 운동에 많은 영감을 불어넣은 19세기의 위대한 인물 가운데 한 사람이다. 도스토예프스키 역시 카뮈처럼 철학에 몰두한 소설가이지만, 두 사람 모두 다양한 철학 사조들의 상대적인 장점들을 알아내는 일보다는 인간이 다양한 철학적 명제들과 더불어 어떻게 살아갈 수 있을지를 풀어내는 일에 더 관심이 많았다. 카뮈의 초기 작품에서 최대 관심사는 바로 인간이 부조리를 완전히 자각하고 살 수 있는지, 그리고 그렇다면 어떻게 살 수 있는지를 결정하는 문제였다. 도스토예프스키는 신앙의 문제와 신이 존재하지 않는 세상에서 살아가는 것이 과연 어떤 모습일지를 충분히 암시하는 일로 계속 돌아가고 있다. 도스토예프스키와 카뮈는 많은 사람들이 지적 수준에서는 부조리의 관념이나 신의 부재를 긍정할 수 있지만, 실제로 그 긍정의 결론에 따라 살아가는 것은 전혀 별개의 문제라는 자각을 공유한다.

두 사람의 차이점이라면, 도스토예프스키는 인간은 신앙 없이 살 수 없다고 결론을 내리는 반면, 카뮈는 살 수 있다고 믿는다는 것이다. 〈죄와 벌 *Crime and Punishment*〉의 주인공 라스콜리니코프는 자기가 지닌 자유의 한계를 시험해 보기 위해 살인을 저지르지만, 결국 죄책감에 시달리다 죄를 고백하고 신을 믿게 된다. 〈카라마조프 가의 형제들〉의 이반 카라마조프는 무신론으로 인해 미쳐버리는 반면, 신을 열렬히 믿고 싶어하는 동생 알료샤는 보다 발전된 모습이 된다.

라스콜리니코프, 이반 카라마조프, 키릴로프는 모두 자신들의 원칙에 따라 일관되게 살기를 원한다는 점에서 대다수 무신론자들과는 다르다. 자기들이 자유롭다고 주장하고 예전처럼 사는 것으로는 충분치 않기 때문에 신 없이 사는 것이 신을 믿으며 사는 것과 어떻게 다른지 정확히 구분해야 직성이 풀리고 그 법칙에 따라 살려고 노력하는데, 그 여정이 라스콜리니코프에게는 살인, 이반에게는 광기, 키릴로프에게는 자살로 이어지는 것이다. 카뮈도 작품의 주인공들이 작가 자신이 품은 철학에 따라 충실히 살아가기를 원하는데, 〈시지프 신화〉와 거의 같은 시기에 창조된 주인공 뫼르소와 칼리귤라는 삶의 부조리를 지적인 차원에서 단순하게 받아들이지 않는다. 카뮈는 그들을 통해 매우 일관된 부조리한 삶이 보통사람들의 기준과 어떻게 다를 수 있는지도 보여준다.

카뮈와 도스토예프스키의 차이점은 아무래도 6, 70년이란 역사와 상이한 문화 풍토를 고려하면 상당 부분 설명될 수 있으며, 상반된다고 볼 필요는 없다. 도스토예프스키의 조국 러시아에서는 신 없는 삶이 있을 수 없는 일처럼 보였을지 모르는 반면, 카뮈가 살던 프랑스에서는 신 없는 삶이 필요한 것처럼 보였을 수 있기 때문이다. 〈악령〉에 대한 카뮈의 논의를 보면, 카뮈는 당시의 러시아에서는 자살

만이 신에 대한 신앙을 대신하는 유일한 길이었다는 점을 수긍하는 것 같다.

여기서 부조리의 원리들을 받아들이는 작가는 반드시 그 원리에 충실해야 하는지에 대해 알고 싶어하는 카뮈는 도스토예프스키를 분석함으로써 작가는 부조리를 인정하면서도 그 원리에 따라 살지 않을 수 있다고 결론짓는 것 같다. 앞부분에서 이미 야스퍼스, 키에르케고르, 셰스토프 같은 실존주의 철학자들은 부조리의 원리들을 인정하면서도 받아들이려 하기보다 신앙으로 비약했다고 지적했던 카뮈는 여기서 그 사상가들에게 철학적으로 참인 것은 작가로서의 도스토예프스키에게도 참이란 것을 보여준다. 부조리한 감성이 반드시 부조리한 소설을 낳지는 않는다는 것.

# 덧없는 창조



도스토예프스키의 예는 우리에게 부조리의 대립을 일관되게 지니는 것이 얼마나 어려운지를 보여준다. 비록 도스토예프스키는 애초에는 부조리를 실제로 시험해 보려는 욕망으로 시작하지만 결국에는 또 다른 삶에 대한 희망을 서서히 확산시킨다. 부조리가 일관되게 녹아든 소설은 허먼 멜빌*의 〈모비딕 *Moby-Dick*〉뿐이다. 그러나 부조리한 소설이 귀하기 때문에 그만큼 많은 교훈을 담고 있다. 다른 작품들이 부조리에서 멀어지는 이유들을 살펴보면, 부조리한 예술작품의 구성요소에 대해 아주 많은 점을 배울 수 있기 때문이다. 희망을 품는 것, 통일성과 질서를 갈망하는 것이 얼마나 쉬운지, 그리고 그 과정에서 모든 희망이 하찮다는 점을 끊임없이 의식하는 일이 얼마나 어려운지를 배우

---

* **허먼 멜빌**(Herman Melville. 1819-91): 미국 소설가, 시인, 수필가. 민주주의에 대한 이상과 미국의 현실 사이에 나타나는 괴리를 철학적으로 탐구했다. 주요 작품은 〈오무〉 등.

기도 하는 것.

　부조리한 예술가는 이 삶 저편의 다른 삶에 대한 희망이나 기대를 반드시 마음속에서 끊임없이 비워내야 하며, 바로 그 부정 속에서 영감을 발견하고 자기 작품조차 공허한 것이란 점을 충분히 의식하고 작업해야 한다. 그리고 인생이나 세상은 우리가 인식하는 것보다 더 대단하다는 생각을 접어야 하는 동시에 이 인생을 최대한 활용해야 한다. 창작에 필요한 정신 훈련과 명료한 정신은 예술가가 언제나 부조리를 예민하게 의식할 수 있도록 도와준다. 예술가의 부조리한 의식을 반영하는 유일한 창조는 차례차례 내놓는 작품들의 연속적이고 다양한 모습 속에서 변화하고 견고해지는 의식을 추적하는 자전적 기록 같은 것이다.

　예술가는 부조리의 추상적 원리를 항상 의식하고 있어야 한다는 말은 그의 작품이 부조리한 추론의 근저에 놓인 철학적 사상들을 드러내려고 노력해야 한다는 뜻은 아니다. 소설은 이미지로 한껏 치장한 철학 논문이 아니며, 추상적인 것보다는 명확한 것, 일반적인 것보다는 구체적인 것, 통일성보다는 다양성을 선호하고, 인간의 본성에 대해 거창하고 한결같은 말을 하려는 의도가 전혀 없는 어떤 세계관을 제시한다. 부조리한 인간에게는 희망이나 철학적 방침 같은 것이 없고, 부조리한 예술작품은 그 어느 것도 암시해서는 안 된다.

카뮈는 인생은 죽음으로 끝나지만 그때까지는 모든 것이 우리에게 달려 있다는 말로 갖가지 부조리한 삶에 관한 논의를 요약한다. 만약 우리가 이 세상의 삶이 끝난 다음에도 다른 세계의 삶이 있다든가, 또는 옳은 것과 그른 것을 결정하는 어떤 초월적 존재가 있다는 생각에 얽매이지 않는다면, 이 세계의 삶은 완전히 우리 것이 되며, 우리는 원하는 대로 살 수 있다.



"덧없는 창조 Ephemeral Creation"라는 이 부분의 제목은 카뮈가 여기서 논하려는 핵심 내용을 한 마디로 요약하고 있다. 즉 부조리한 창조는 덧없는 창조라는 것. 부조리한 예술가는 해답들을 제시하거나 중요하면서도 오래 기억될 만한 말을 하려 들지 않고, 자기와 자기 작품도 서서히 무의미해지고 사멸한다는 사실을 충분히 인식하면서 자신이 바라보는 세상을 그대로 작품에 반영시키려고 할 뿐이다. 많은 사상가들은 예술은 비종교적인 초월성의 한 형태이며 예술가는 그 속에서 구체적인 이야기를 통해 보편적인 주제와 의미에 도달한다는 생각을 갖고 있었으나 카뮈의 생각은 다르다. 부조리한 예술가에게는 구체적이고 특정한 이야기가 그저 세상에 있는 전부이고, 특별히 추구할 만한 보편적인 주제나 의미는 없다는 것.

카뮈는 예술 창작의 주된 목적은 부조리한 예술가에게 현재를 살면서 부조리에 대한 의식을 유지하도록 돕는 것이라고 결론 짓는 듯하다. 이런 결론은 감상자는 전혀 고려하지 않은 채 전적으로 예술가에게만 관심을 기울이는 것 같다. 미학적 연구에서는 흥미로운 줄다리기가 계속되고 있다. 예술의 가치가 어떤 때는 예술가의 관점에서, 그리고 어떤 때는 감상자의 관점에서 논의되는 것이다. 임마누엘 칸트*는 〈판단력비판 *The Critique of Judgment*〉에서 미와 숭고함 등의 개념을 감상자의 관점에서 배타적으로 논하는 반면, 카뮈는 예술가이기 때문인지 그 예술이 예술가에게 갖는 가치에 대해서만 전적으로 초점을 맞춘다.

그러나 우리가 특히 카뮈의 초기 소설을 당시 글쓰기란 어떠어떠해야 한다는 그의 생각을 드러내는 대표작으로 꼽는다면, 카뮈에게는 두 관점 사이의 거리를 솝히는 일이 어렵지 않을 것이다. 〈이방인〉의 집필이 그가 부조리와 투쟁하는 것을 도와주었지만 정황상의 추측일 뿐이고, 분명히 알 수 있는 것은 그 작품이 우리에게 미치는 영향이다.

---

* **임마누엘 칸트**(Immanuel Kant, 1724-1804): 독일 철학자. 데카르트의 합리주의(도리·이성·논리가 일체를 지배한다고 보고, 비합리와 우연적인 것을 배척)와 베이컨의 경험주의(관찰과 실험을 중시)를 종합해 비판철학을 탄생시켰다. 주요 저서는 〈순수이성비판〉, 〈실천이성비판〉 등.

다른 것은 몰라도 분명한 사실 하나는 〈시지프 신화〉보다는 〈이방인〉이 카뮈가 칭하는 부조리한 인간의 진의를 훨씬 분명하게 이해할 수 있도록 해준다는 점이며, 소설은 구체적인 것을 다뤄야 하며 추상적 철학을 설파하기 위해 올라서는 빈 궤짝 역할을 하려고 들면 안 된다는 자신의 원칙을 충실히 지키려 한다는 사실도 알게 된다. 주로 사건들과 인물들을 중요하게 다루고 철학적 개념이 분명히 언급되는 경우보다 암시되는 쪽이 더 많은 〈이방인〉을 통해 우리는 카뮈가 언급하는 '부조리'의 분명한 의미를 아는 것이 아니라 부조리한 관점에서는 세상이 어떻게 보이는지를 짐작하게 된다. 우리는 어떻게 사람이 시종일관 부조리하게 살 수 있는지를 깨닫게 되고, 부조리한 예술은 이런 식으로 우리가 부조리한 자각도 얻고 유지하도록 도와주는 것이다.(〈이방인〉에 대한 상세한 분석과 이 작품이 〈시지프 신화〉의 주제들과 어떤 관계를 맺고 있는지에 대해서는 "〈이방인〉에서 드러나는 주제—부조리" 참고)

예술은 구체적인 것의 영역에 머물러야 한다는 주장은 동시대에 활동했던 사르트르의 견해와 중요한 차이가 있다. 대표적인 프랑스 실존주의 철학자 사르트르는 〈시지프 신화〉를 집필할 당시만 해도 카뮈와는 아주 절친한 사이였으며, 실존주의 철학을 펼친 〈구토 *Nausea*〉를 출간하여 고전 명작의 반열에 올려놓았다. 〈구토〉는 종종 철학 논의서로 받아들여진다는 측면에서 〈이방인〉과는 대조적이다. 〈구토〉의 주인공인 학자는 여러 가지 철학적 문제에 대해 장황하고 추상적인 논의를 전개하지만, 〈이방인〉의 주인공은 단순한 성격의 사무직 종사자이며 끝부분에 이르기 전까지는 철학의 냄새도 풍기지 않는 것.

철학자로서는 사르트르가 카뮈보다 뛰어났으나 소설가로서는 카뮈가 더 나은 것 같다. 카뮈는 〈이방인〉을 통해 독자에게 풍성한 경험의 세계를 제공하면서 스스로 결론을 이끌어내게 하지만, 〈구토〉는 훨씬 한정된 틀 속에서 독자에게 어떤 특정한 사고방식을 따르도록 강요한다. 그래서 그런지 철학에 관한 논의 이외에는 관심도 없는 사르트르가 왜 구태여 소설을 썼는지 의아해하는 사람들도 있다.

[ 시지프 신화 ]



신화 속의 인물 시지프는 생전의 행적이 아니라 사후 지옥에서 받는 형벌 때문에 유명하다. 그리스 신화에 따르면, 시지프는 지옥에 있는 어떤 산꼭대기까지 커다란 바위를 굴려 올려놓으라는 형벌을 받는다. 그런데 산꼭대기까지 굴려 올린 바위는 무게 때문에 그 자리에 멈춰 있지 않고 산 아래로 굴러 떨어지고, 그러면 다시 굴려 올리고, 또 떨어지는 일이 계속 반복된다. 헛된 노역을 영원히 반복해야 하는 끔찍한 형벌을 인식하고 있던 그리스 신화 속의 신들은 머리가 좋았던 모양이다.

그리스 서사시인 호머(Homer/ Homeros. 800?-750 B.C.)에 의하면, 시지프는 인간들 가운데 가장 현명하고 신중한 인물이었다. 또 다른 설화에 따르면, 그는 강도였다고 전해진다. 이 이야기들은 서로 모순되는 것 같지 않은데, 어쩌다가 시지프가 지옥에서 그런 형벌을 받게 되었는지에 대해서는 의견이 분분하다. 어떤 설화에 의하면, 제우스(주피터)가 어느 날 아소푸스(아조프)의 딸 에기나를 납치했다.

그런데 고향 코린트에서 우연히 그 장면을 목격한 시지프가 애타게 딸을 찾는 아소푸스에게 코린트 성에 맑은 샘이 솟게 해주면 납치범을 알려주겠다고 제안한다. 시지프는 제우스신에게 불리한 이 거래를 통해 자신은 물론 자신의 백성들을 위해서는 세속적인 부와 행복을 얻어내지만 신들의 노여움을 사서 지옥에 떨어지는 형벌을 받는다.

호머의 이야기는 다르다. 시지프가 죽음의 신을 잡아 쇠사슬로 묶어 감금하자 그동안은 인간이 죽지 않는다. 당연히 그런 상황을 방치할 수 없던 신들이 죽음의 신을 풀어주면서 권능을 회복한 그가 첫 번째 희생 제물로 삼은 것이 시지프였다는 것이다. 또 이런 설화도 전해진다. 시지프는 죽을 때가 가까워지자 어리석게도 아내의 사랑을 시험해 보기 위해 자기가 죽거든 시체를 매장하지 말고 광장에 내다버리라고 유언한다. 그런데 정작 죽어서 지옥에 떨어지자 아내가 조금도 주저하지 않고 유언대로 따르지 않는 것을 알고는 앙갚음을 하기 위해 저승의 왕 하데스(플루톤)에게 간청하여 이승으로 돌아와서는 그 어떤 명령이나 경고에도 불구하고 귀환을 거부하며 여러 해를 살다가 다시 지옥으로 끌려가면서 영원한 형벌을 받는다.

시지프는 생전의 행위로 보나 지옥의 형벌로 보나 가장 전형적인 부조리한 영웅이다. 신들에 대한 조소, 죽음에 대한 혐오, 삶에 대한 열정은 그에게 희망 없는 투쟁에 모든 것을 바쳐야 하는 형벌을 안겨주었다. 이것이 바로 그가 이 세상에 대한 열정을 위해 지불해야 할 대가다.

시지프가 지옥의 형벌을 어떻게 견뎌냈는지에 대해서는 아무런 이야기도 전해지지 않는다. 그 나머지는 우리 각자의 상상력에 달려 있다. 카뮈의 관심을 끄는 것은 산 위까지 밀어 올린 바위가 굴러 떨어졌을 때, 잠시 노역에서 해방되어 아무리 해도 끝장나지 않을 고통 속으로 다시 내려가면서 운명의 부조리를 의식하는 시지프의 정신 상태다. 시지프의 운명은 그가 자신의 운명을 이해하고 풀려날 희망을 품지 않기 때문에 비극적으로 여겨질 수 있을 뿐이다. 만약 발걸음을 옮길 때마다 성공의 희망이 받쳐준다면, 그가 무엇 때문에 고통스러워하겠는가? 매일매일 똑같은 일에 종사하며 살고 있는 우리들의 운명 역시 부조리하지만, 오직 의식이 깨어 있는 드문 순간에만 비극적이다.

시지프는 심지어 기쁜 마음으로 산을 내려올 수도 있다. 두고 온 이승을 돌아보거나 행복에 대한 희망이 강렬한 순간에는 슬픔과 울적함에 사로잡히지만, 자신의 운명을 받아들이면 그것에 대한 슬픔과 울적함은 사라지기 때문이다. 부질없는 짓을 영원히 반복해야 하는 것이 자신의 운명이라는 '숨 막히는 진실'을 인정하면, 그 운명은 이미 그토록 질식할 듯한 것은 아니다. 시지프 못지않게 엄청난 고통을 겪은 오이디푸스도 '만사가 다 잘되었다고 판단'하면서 부조리의 승리를 표현하지 않았는가.

긴밀하게 연결된 행복과 부조리는 이 세상과 우리의 운명은 우리의 것이고, 희망이란 없으며, 인생은 순전히 우리가 스스로 만들어가는 것이란 발견과 맞닿아 있다. 산을 내려가는 시지프는 자신의 운명을 완전히 이해하고 있다. "우리는 시지프가 행복하다고 생각하지 않으면 안 된다."





부조리한 영웅은 아무런 희망도 품지 않은 채, 인생은 끝없는 투쟁이라고 생각한다는 것이 카뮈의 주장이다. 우리의 인생을 규정하는 투쟁과 희망 없음을 부인하거나 회피하려는 시도는 그 같은 부조리한 모순으로부터 달아나는 것이다. 카뮈가 꼽는 부조리한 인간의 유일한 자격조건은 자기 처지의 부조리를 완전히 의식하고 살아가는 깃이다. 시지프는 산꼭대기로 바위를 밀고 올라가는 동안에는 수고와 반항뿐이지만, 홀가분해진 상태로 산을 내려가는 동안에는 그 영원한 투쟁이 헛수고에 불과하리란 점을 깨닫는다. 이 깨달음은 이 세상에서 부조리한 인간이 느끼는 깨달음과 똑같다. 시지프가 깨닫고 있는 한, 그의 운명은 이 세상에 사는 우리의 운명과 다르지 않고 더 비참할 것도 없다.

우리가 시지프의 운명이 너무 끔찍하다고 느끼는 이유

는 그것이 부질없고 절망적이라고 생각하기 때문이다. 〈시지프 신화〉의 핵심 주장은 인생 자체가 희망 없는 헛된 투쟁이라는 것이다. 그러나 또 한편으로 카뮈는 인간의 이런 운명은 우리가 계속 희망을 품고, 추구할 가치가 있는 무언가가 존재한다고 생각할 때, 즉 좀더 바람직하게 보일 듯한 어떤 것과 비교할 때만 끔찍해 보인다고 주장한다. 만약 우리 운명보다 더 바람직한 대안이 없다는 것을 인정한다면, 우리는 운명을 두려움 없이 받아들일 수 있다. 그래야만 우리가 아무 조건 없이 인생을 받아들이는 것이 되기 때문에 인생을 충분히 향유할 수 있다. 따라서 시지프는 바로 운명을 받아들였기 때문에 그 운명보다 우월하다. 시지프의 형벌은 시지프가 더 나은 어떤 것을 희망하거나 꿈꿀 때만 끔찍할 뿐이다. 그가 희망을 품지 않는 한, 신들에게는 그를 처벌할 죄목이 없는 것이다.

인간의 비극은 카뮈가 여기서 말하듯 간단히 한두 마디로 설명할 수 없으나 그의 설명은 충분히 음미할 만한 가치가 있다. 카뮈는 시지프가 자신의 운명을 의식하는 순간 그 운명은 비극적이 되고, 오이디푸스는 아버지를 죽였고 어머니와 결혼했다는 사실을 알게 되면서 비극적인 인물이 된다면서도, 그들은 궁극적으로 행복하며 "만사가 다 잘되었다고 판단한다"고 덧붙인다. 카뮈는 비극은 비관적인 것이 아니라 오히려 우리 인간이 거둘 수 있는 가장 위대한 승리를 나타내는 것이라고 생각하는 듯하다. 시지프와 오이디푸스는 끊임없이 희망을 품고 스스로를 속인다면, 결코 영웅이 아니다. 비극적 상황을 인정하는 것은 우리의 운명과 한계를 인정하는 것이고, 그렇게 되면 우리는 누구이며, 무엇을 할 수 있는지도 받아들일 수 있다. 비극적 운명은 더 나은 것에 대한 희망과 대비될 때 끔찍해 보일 뿐이다. 시지프와 오이디푸스는 운명을 받아들이는 과정에서 희망을 버렸다. 따라서 그들은 그들의 운명을 끔찍하게 여기지 않고 마침내 유일한 참된 행복을 발견한다.

카뮈는 행복과 부조리한 의식은 밀접하게 연관되어 있다면서 논의를 마무리한다. 우리는 우리의 인생과 운명을 온전히 우리 자신의 것으로 받아들일 때, 진정 행복할 수 있을 뿐이다. 즉, 우리의 인생과 운명이 우리가 가진 전부이며, 우리가 될 수 있는 전부라고 인정해야 한다. 카뮈는 "우리는 시지프가 행복하다고 생각하지 않으면 안 된다"는 말로써 이 부분을 끝낸다. 그러나 우리가 그렇게 생각해야 할 이유는 무엇인가? 이 문장에 쓰인 낱말들을 곱씹어보면, 카뮈가 이 문제에서는 우리에게 선택의 여지가 없다고 생각한다는 것을 짐작할 수 있다. 정말 선택의 여지가 없는 것일까? 시지프는 삶을 그토록 사랑했기에 희망이 없고 헛된 노역을 영원히 되풀이해야 하는 형벌을 받은 부조리한 영웅이지만, 자신의 운명을 자각하고 있기 때문에 그 운명보다 우월하다.

만약 시지프가 그 자각에서 행복을 느끼지 않는다면 부조리한 자각은 행복을 가져다주지 않는다는 말이 되고 만다. 그렇다면 우리가 부조리한 자각을 피하고, 희망이나 신앙으로 비약할 때만 행복할 수 있다는 이야기가 될 것이다.

만약 희망이나 신앙으로의 비약이 우리의 운명이라는 현실로부터 도피하려는 시도이고, 행복이 그 같은 비약을 통해서만 가능할 뿐이라고 한다면, 행복은 본질적으로 도피일 것이다. 인생 자체는 본질적으로 불행할 것이고, 행복은 부정에서 태어난 속임수가 되는 것이다. 참된 행복을 믿고 싶다면, 우리는 시지프가 행복하다고 생각하지 않으면 안 된다. 이것은 이 논저의 마지막 문장이지만, 어쩌면 카뮈의 추론을 시작하는 최초 전제로 간주할 수도 있다. 카뮈는 인간 개개인의 경험이야말로 실재하는 유일한 것이란 생각을 본질적으로 믿고 있기 때문에 만약 행복이 실재한다는 것을 보여주고 싶다면, 경험의 부정이 아니라 경험에 근거하여 인간 개개인이 참으로 행복할 수 있다는 것을 반드시 입증해야 한다. 행복이 실재하는 것이라면, 희망, 신앙, 또는 직접 경험을 초월하는 어떤 것에 의지하지 않고도 찾아낼 수 있어야 하는 것이다. 〈시지프 신화〉는 바로 그 일이 가능하다는 것을 설명하려는 치밀한 시도이고, 그 논의의 초기 전제로 마무리하고 있는 것이다. 즉 만약 참된 행복이 가능하다면, 시지프는 틀림없이 행복하다.

# 부록: 프란츠 카프카의 작품들



프란츠 카프카의 작품들에는 묘한 특징이 있다. 우선 다시 읽지 않을 수 없게 만들며, 대단히 상징적이기 때문에 여러 가지 해석이 가능하다. 작가도 바로 이런 점을 노리고 있다. 그러나 그의 작품을 상세히 해석하려 드는 것은 잘못이며, 모든 상징을 맞아떨어지게 옮겨놓을 수도 없다. 상징은 그 사용자를 초월하며, 의식적으로 표현하고자 했던 것 이상을 전하고 있기 때문이다.

〈심판 *The Trial*〉은 부조리한 소설 작품으로 볼 수 있다. 줄거리는 주인공 요제프 K.가 재판정에 서고 유죄 판결을 받지만, 도대체 무엇 때문에 고소당했는지도 모르고 지낸다는 이야기다. 유죄 판결을 받고 난 후에도 일상생활로 돌아가 '잊지 않고 사랑하고 먹고 신문을 읽는' 그는 무슨 죄로 고소당했는지 알아내려고 애쓰는 한편, 항소하려고 한다. 소설은 어느 날 요제프 K.가 말쑥하게 차려입은 신사들에게 끌려가 그의 마지막 말마따나 '마치 개처럼' 돌 위에 찍

혀 죽는 것으로 끝나는데, 그 이유에 대해서는 아무런 설명
이 없다.

요제프 K.는 특이한 논리를 지닌 세상에서 살고 있다
는 사실에도 불구하고 그에게는 모든 것이 자연스러워 보
인다. 그 특이한 논리는 복잡한 상징성 때문인데, 카프카는
그 상징성을 통해 보통 세상을 우리 영혼의 야망과 초자연
적 불안의 세상과 연결시키고 있다. 〈심판〉에서 우리는 사
법제도와 관료제도의 아주 구체적인 현실에 투영된 정신적
인 삶의 불안, 모호함, 희망 등을 볼 수 있는데, 정신적인 삶
을 구체적이고 일상적인 관점에서 논한다는 면에서 부조리
한 소설이라고 할 수 있다.

논리적인 것과 일상적인 것은 비극과 부조리에 중요하
다. 비극에서 발견되는 공포와 끔찍한 결과들을 바라보면
서 느끼는 부조리가 자연스럽고 논리적인 질서의 일부로서
구현되어 나타난다면 그 효과가 극대화될 것이기 때문이다.
부조리와 카프카 작품들의 심술궂은 논리는 우리에게 혐오
감을 주는 것들도 이치에 어긋나지 않는다는 점을 인정하
도록 강요한다.

〈성 *The Castle*〉은 〈심판〉에서 묘사했던 부조리한 세
상을 뛰어넘어 하나의 설명이나 어떤 형태의 희망을 찾으
려고 애쓴다. 이야기는 주인공 K.가 어떤 성의 측량기사로
임명되어 그 성이 위치한 마을에 도착하는 것으로 시작된다.

K.는 그 성과 연락할 방도가 도저히 없다는 사실, 그리고 마을사람들이 측량기사로 위임받고 찾아온 그를 인정하려 들지 않는다는 사실을 알게 된다. K.의 입장에서는 언제든 문제를 해결할 희망이 있는 듯이 보이기 때문에 소설의 분위기 자체는 〈심판〉만큼 암울하거나 절망적이지 않다. K.는 마을사람들의 마음을 열도록 만들기 위해 노력하는 과정에서 성의 어떤 관리를 알고 있는 여인을 정부로 삼지만, 소설의 끝부분에서 이 여인을 떠나 성과 마을사람들로부터 철저히 버림받은 가족에게로 간다. 카뮈는 〈성〉을 부조리의 신격화, 즉 키에르케고르와 유사한 일종의 실존적 비약이라고 해석한다.

〈심판〉은 지상에는 우리가 발견할 수 있는 희망이라곤 없다는 것을 보여주고, 따라서 카프카는 〈성〉에서 그런 인식으로 인해 신에게 희망을 두는 일이 충분히 가능하다고 결론짓는 것 같다. 부조리한 추론에 의해 얻어진 냉절함이 너무 삭막하기 때문에 그 결론을 거부하고 실존적 비약을 하는 것.

카프카는 우리가 또 다른 세상을 희망하며 느끼는 그리움을 감동적으로 그려내고 부조리에 대한 우리의 감정적 반응이 어떻게 우리를 현세적 삶에서 신앙으로 비약하도록 이끄는지를 잘 추적했다는 면에서 소중한 작가다. 그러나 부조리한 작가는 구체적인 것만 다루기 때문에 보편적이고 종교적인 주제를 다룬 카프카는 부조리한 작가가 아니다. 부조리한 작가는 우리가 갖고 있는 저 세상의 희망과 이 세상의 현실을 떼어놓고 희망 없는 삶에서 어떻게 행복을 발견할 수 있는지를 보여주는 반면, 카프카는 정확히 이 세상의 현실 속에서 우리가 어떻게 저 세상의 희망을 발견할 수 있는지를 보여주려고 한다.



카뮈는 주로 카프카의 작품들이 그가 부조리한 추론이라고 규정하는 근본적인 진퇴양난을 명쾌하게 제시하기 때문에 좋아한다. 카뮈는 우리가 한편으로는 우주 안에서 어떤 의미―혹은 신, 또는 질서나 설명―를 찾고 싶어하고, 다른 한편으로는 어떤 답을 약속하는 방식으로 조직되지 않은 무감각한 각양각색의 사물들과 대면하고 있다고 말한다.

카뮈가 좋아하는 은유 하나는 그의 작품에서 자주 등장하는 사형선고를 받은 인간이다. 사형선고를 받은 채 항소나 형집행 정지의 희망도 없이 한평생을 살아야 하는 것이 인간의 처지란 것이다. 〈심판〉은 바로 이 은유를 활용하고 있다. 요제프 K.는 줄곧 누가 무슨 까닭에 자신을 고소했는지 알아내려고 한다. 카프카도 카뮈가 공들이고 있는 똑같은 주제를 만지작거리고 있다. 말도 안 되는 것 같은 세상에서 사형선고를 받고, 도대체 왜 그런 일이 벌어지는지를 설명해 줄 어떤 종류의 답이나 의미를 찾고 싶어하지만 침묵만 마주칠 뿐인 사람의 이야기를 들려주는 것. 카뮈는 카프카가 정신적인 불안을 일상 현실로 풀어 표현한 점도 높이 평가한다.

〈성〉도 비슷한 주제를 다루고 있다. 인생에서의 의미와 우주 안에서의 위치를 확인하려는 인간의 투쟁이 측량기사로 받아들여지기 위해 애쓰는 K.의 투쟁을 통해 표현되는 것이다. 마땅히 측량기사의 지위를 인정받아야 한다고 생각하지만 끊임없이 부정당하는 K.의 상황은 우리 인간이 마땅히 이 우주 안에서 어떤 위치를 가져야 하며 그 삶이 이치에 맞아야 한다고 생각함에도 불구하고 그런 생각이 철저히 무시당하는 현실과 같다. 우리는 〈성〉과 〈심판〉 모두에서 답을 찾고 있지만 답을 주지 않는 세상에서 살아가는 인간의 모습을 본다.

그러나 〈심판〉과 달리 〈성〉은 이런 공허 속에서 희망을 발견하는데, 그 희망 때문에 카뮈는 카프카를 실존주의자로 간주한다. 앞부분에서 키에르케고르, 셰스토프, 야스퍼스가 '철학적 자살'을 했다고 비난했는데, 카프카의 실존적 비약도 철학적 자살의 하나로 꼽는 것. 부조리는 통일성에 대한 욕망과 우리가 마주치는 무의미한 공허 사이의 끊임없는 투쟁에 의해 규정되는 반면, 실존적 비약은 공허를 포용하고 그 속에서 통일성을 발견함으로써 그 투쟁을 중재하려 든다면서, 그 투쟁을 지속할 때만 진정한 인간이라고 주장하고 싶은 것이다.

카뮈는 카프카의 궁극적인 결론은 수긍할 수 없지만, 적어도 카프카가 그들 두 사람에 의해 인간의 처지라고 규정되는 근본적 모순을 그토록 명쾌하게 제시한 점은 높이 평가하고 있다.

**다음 질문에 대해 간단히 서술하시오.(―부분은 참고만 할 것)**

1. 카뮈는 '부조리'와 '부조리의 감정'이라는 말을 어떤 뜻으로 쓰고 있는가? 이 논저 전반에 걸쳐 부조리의 개념은 어떻게 쓰이고 있는가?

— 카뮈는 인간이 근원적인 모순 상태에 처해 있다고 생각하는데, 부조리의 개념은 바로 그 모순 상태에서 비롯된다. 우주 속에서 어떤 통일성이나 이유를 발견하고 싶어하는 본능적 욕망을 지닌 채 살아가는 우리 인간은 우주를 이해하려는 그 욕망으로 인해 의미 있는 삶이나 신을 믿게 된다. 그러나 우주는 그 속에 어떤 이유나 통일성을 지니고 있다고 믿게 할 만한 이유를 하나도 제시하지 않는다. 한편, 우리는 일반적으로 통일성을 찾는 욕망에서 비롯된 어떤 목적의식을 지니고 살면서도 이따금 자신도 모르게 만사가 무의미해 보인다는 느낌에 사로잡힐 때가 있다. 에스컬레이터를 타고 있는 사람들을 보며 로봇 같다는 느낌을 받을 수도 있고, 한 그루 나무를 보면서 질서가 있거나 자연스런 우주의 일부분이 아니라 단순하게 '사물'이라고 생각할 수도 있는 것이다. 이따금 우리에게 떠오르는 이 느낌이 부조리의 감정이며, 우리가 살고 있는 모순된 우주에 대한 자각이다. 부조리한 인간이란 부조리의 감정을 지니고 살아가는 사람인데, 자기를 둘러싼 모든 것이 무의미하다는 자각을 의식적으로 유

지한다.

2. '합리주의'란 무엇인가? 카뮈는 합리주의를 어떻게 거부하는가? 카뮈가 합리주의를 거부하는 이유는?

— 카뮈가 이 논저에서 서술하는 대로라면 합리주의는 인간의 이성이 우주를 이해할 수 있다는 믿음이다. 합리주의는 인생에서 일어나는 모든 일에 대해 합리적인 설명을 찾을 수 있다고 믿는 위대한 철학체계 구축자들의 보증서다. 카뮈는 합리주의를 강하게 거부하면서 인생은 근본적으로 부조리하며 우리 인간은 우주 속에서 어떤 합리적인 질서도 발견할 수 없다면서 몇 차례 합리주의를 반박하지만, 결코 철학적 논의에 돌입하지는 않는다. 합리주의에 대한 카뮈의 거부는 합리적인 논증보다는 뿌리 깊은 확신에서 나온 것 같다. 우리 인간은 과연 우리가 확신할 수 있는 것과 이 인생에서 우리가 발견하는 것만 가지고 살 수 있는지의 여부에 관심을 갖는 카뮈는 우리는 우주에 일관된 질서가 있는지 확신할 수 없고, 만약 그런 질서가 있더라도 그것을 완전히 이해하는 일은 우리 인간의 능력 밖이기 때문에 합리주의를 거부한다. 카뮈는 합리주의가 틀렸다는 것이 아니라 합리주의 같은 것 없이 살고 싶다고 말한다.

3. 카뮈는 자신의 철학적 입장을 일방적으로 제시하지 않고 우리가 세상을 향해 취할 수 있는 어떤 자세에 대해 검토해 보려 한다면서 논의를 전개한다. 따라서 이 논저에는 형이상학적 주장이 담겨 있지 않다. 그런데 이 논저를 읽어나가는 동안 카뮈가 형이상학적 가설들로 슬그머니 다가간다는 느낌을 받은 적은 없는가? 만약 있다면 그것들은 그의 논의 과정에 어떻게 영향을 주는가?

— 카뮈는 자신이 취하는 입장에 대해 결코 충분한 이유를

제시하지 않고, 또는 적어도 확실한 철학적 논증이라고 옹호하는 이유도 제시하지 않는다. 카뮈의 주장은 심사숙고보다는 강한 확신에서 나온 것으로 보인다. 물론, 그런 사실 자체가 나쁜 것은 아니다. 이것은 단순히 그가 자신의 주제를 형이상학적인 각도가 아니라 심리학적인 각도에서 전적으로 접근한다는 의미가 된다. 그러나 〈시지프 신화〉가 지닌 주된 문제 하나는 카뮈가 철학이 되었든 서술적 심리학이 되었든 하나를 선택해야 할 필요성을 모르고 있는 것 같다는 점이다. 장황하게 철학적으로 논쟁하는 일에는 흥미가 없는 것처럼 보이지만, 종종 논란의 여지가 있는 철학적 입장을 채택하려 들기도 하는 것이다. 부조리는 인간과 우주 사이의 근원적인 관계이며, 인간은 통일성을 원하지만 세상은 인간에게 아무것도 제시하지 않는다는 부조리의 두 가지 진리만이 우리가 확신할 수 있는 진리라는 주장이 특히 그렇다. 설령, 이 주장에 다른 문제는 없다고 하더라도 이 같은 지식 개념은 지식을 감각의 도움 없이 이성만으로 파악될 수 있는 것으로 간주하는 합리주의적 배경에서 나온다. 게다가 경험론자는 우리가 그밖에 다른 것들도 많이 알 수 있다고 주장할지 모른다. 즉 우리는 우주에 의미가 있는지 없는지에 대해 알 수 있는 것보다 훨씬 더 많이, 이를테면, 우리가 보고, 듣고, 느끼고, 맛보고, 냄새 맡는 것들에 대해 알 수 있다. 카뮈 자신이 경험론에 대해서는 문외한이라고 할 수 있기 때문에 경험론적인 입장에 대해서는 한 번도 실제로 고려하지 않지만, 자신의 입장에 대한 경험론자나 심지어 합리주의자들의 반응에 관해서는 한 번쯤 맞설 가치가 있다는 생각도 하지 않는 것 같다. 카뮈의 입장이 철학적 입장이 아니라면 있음직한 반론을 고려할 필요는 없다. 그러나 카뮈가 우리 인간이 알 수 있는 것, 우주와 인간의 근원적인 관계의 실체와 우리가 자각하고 있는 분명한 진리 등에 대해 논의하기 시작하면,

이미 철학적 입장을 향해 나아가기 시작하는 것이기 때문에
지금보다 훨씬 더 강하게 주장해야 마땅하다.


4.  부조리한 자유란 어떤 것인가? 그 자유는 우리가 평상시에 누리는
    종류의 자유와 어떻게 다른가?


5.  바람둥이, 연극배우, 정복자, 작가는 카뮈가 내세우는 반항, 자유,
    열정의 원칙들을 어떤 식으로 드러내 보이는지 논하라.


6.  카뮈는 왜 창작을 궁극적인 부조리한 행위로 보는가?


7.  부조리한 삶은 일종의 무언극이고, 부조리한 인간은 그 속에서 자
    신이 단지 어떤 역할을 연기하고 있다고 늘 의식하면서 살고 있다
    고 카뮈는 주장한다. 그렇다면 왜 무언극을 하며 사는 것이 인생을
    가장 온전하게 사는 것이 될 수 있는가?


8.  〈시지프 신화〉의 주제들이 〈이방인〉에서는 어떤 식으로 펼쳐지는
    가?


9.  카뮈는 왜 시지프를 비극적인 영웅이라고 생각하는가? 시지프의
    신화와 여러분이 그리스 비극에 대해 알고 있는 것은 어떻게 연결
    되는가?


10. 카뮈는 종종 '논리'라는 단어를 사용하여 평범한 것과 일상적인 것
    에 대해 이야기한다. 평범한 것과 일상적인 것은 부조리의 중심 개
    념과 어떻게 연결되는가?

**다음 질문에 알맞은 답을 고르시오.**

1. 이 논저의 첫 번째 문장에 따르면, '정말로 중요한 철학적 문제'라
   고 유일하게 인정할 수 있는 것은?
   A. 부조리
   B. 유배
   C. 자살
   D. 존재론적 증명

2. 카뮈가 '회피하는 행위'로 보는 것은?
   A. 부조리
   B. 자살
   C. 희망
   D. 유배

3. 카뮈가 '합리주의자'로 꼽는 철학자는?
   A. 데카르트
   B. 하이데거
   C. 세스토프
   D. 후설

4. 카뮈가 '불합리주의자'로 꼽는 철학자는?
   A. 헤겔
   B. 라이프니츠
   C. 키에르케고르
   D. 플라톤

5.    우리가 부조리를 발견하는 곳은?

A. 인간의 이성에서

B. 세상 속에서

C. 인간의 이성과 세상의 관계 속에서

D. 때로는 인간의 이성에서, 때로는 세상 속에서


6.    불합리를 포용하지 않은 철학자는?

A. 야스퍼스

B. 키에르케고르

C. 셰스토프

D. 후설


7.    카뮈가 꼽는 부조리한 삶의 세 가지 결과가 아닌 것은?

A. 반항

B. 겸손

C. 자유

D. 열정


8.    카뮈가 부조리한 인간의 자유를 논할 때, 부조리한 인간은 무엇의
구속으로부터 가장 자유로운가?

A. 신의 법

B. 물리학 법칙

C. 동물적 본능

D. 인생 속의 어떤 자기 역할에 대한 순응


9.    카뮈가 꼽는 부조리한 인간의 유형이 아닌 사람은?

A. 바람둥이

B. 연극배우

C. 작가

D. 과학자


**10.** 돈 후안에 대한 옳은 설명은?

A. 돈 후안은 울적하다.

B. 똑같은 술책으로 여자들을 유혹한다.

C. 참사랑을 찾고 싶어한다.

D. 말년에 불행할 것이다.


**11.** 인기가 가장 빨리 시들해지는 사람은?

A. 연극배우

B. 작가

C. 정복자

D. 종교지도자


**12.** 제2차 세계 대전이 일어나기 전에 카뮈가 했던 일은?

A. 철학을 가르쳤다.

B. 극단을 운영했다.

C. 군대에서 복무했다.

D. 부모와 함께 살았다.


**13.** 제2차 세계 대전 기간에 카뮈가 했던 일은?

A. 그 전에 죽었다.

B. 집단수용소에 갇혀 있었다.

C. 프랑스 레지스탕스 활동을 했다.

D. 알제리에서 언론인으로 일했다.


**14.** 잠재적으로 부조리한 인간이 될 만한 사람은?

A. 바람둥이

B. 사무직 종사자

C. 거지

D. 위의 세 사람 전부


15. **부조리한 삶의 전형이 되는 사람은?**

A. 바람둥이

B. 연극배우

C. 정복자

D. 예술가


16. **부조리한 예술가에 대해 옳은 말은?**

A. 세상을 설명하려고 해야 한다.

B. 경험에 대해 일반화된 진실을 표현해야 한다.

C. 인생을 자신이 보는 대로 묘사해야 한다.

D. 예술과 철학 사이에 분명한 선을 그어야 한다.


17. **키릴로프는 어느 책에 등장하는 인물인가?**

A. 도스토예프스키의 〈카라마조프 가의 형제들〉

B. 도스토예프스키의 〈악령〉

C. 카뮈의 〈이방인〉

D. 카프카의 〈심판〉


18. **도스토예프스키의 소설은 어느 철학자의 사상과 가장 닮았는가?**

A. 카뮈

B. 키에르케고르

C. 데카르트

D. 플라톤

**19.** 카뮈가 부조리한 소설이라고 꼽는 작품은?

A. 허먼 멜빌의 〈모비딕〉

B. 도스토예프스키의 〈악령〉

C. 조지 엘리어트의 〈미들마치 *Middlemarch*〉

D. 도스토예프스키의 〈카라마조프 가의 형제들〉


**20.** 부조리한 소설에서 나타날 수 있는 것은?

A. 희망

B. 추상적 관념

C. 구체적인 세부사항

D. 철학적 교의


**21.** 시지프가 하지 않았던 것은?

A. 제우스에게 불리한 증언

B. 죽음의 신을 잡아 쇠사슬로 묶은 일

C. 아프로디테 여신과의 정사

D. 사후에 신들을 속여 그를 다시 살려주게 한 일


**22.** 시지프의 운명이 그의 삶과 다른 측면은?

A. 헛된 투쟁이다.

B. 영원히 지속된다.

C. 희망이 없다.

D. 자신의 운명을 자각하고 있다.


**23.** 카뮈가 시지프의 신화를 극화한다면, 어떤 종류의 연극이 될까?

A. 희극

B. 멜로드라마

C. 비극

D. 서사극


**24.** 카뮈가 실존적 비약을 분명하게 지적하는 카프카의 작품은?

A. 〈심판〉

B. 〈성〉

C. 〈변신 *The Metamorphosis*〉

D. 〈아메리카 *Amerika*〉


**25.** 〈시지프 신화〉는 어느 전쟁 기간에 출판되었는가?

A. 제1차 세계대전

B. 제2차 세계대전

C. 한국동란

D. 보불 전쟁


---

**정답**

1. C　2. C　3. A　4. C　5. C　6. D　7. B　8. D　9. D　10. B

11. A　12. B　13. C　14. D　15. D　16. C　17. B　18. B　19. A　20. C

21. C　22. B　23. C　24. B　25. B

# 미국에서 1억부 이상 판매된 기적의 논술가이드
# 클리프노트가 한국에 상륙했다!!

## 방대한 고전을 하루만에 독파하는 스피드

### 다락원 명작노트 CliffsNotes™ 시리즈는

▶ 미국대학위원회, 서울대, 연·고대 추천 고전을 알기 쉽게 재구성한 대한민국 대표 논술교과서입니다. ▶ 작품의 핵심내용과 사상, 역사적 배경, 심볼, 작가의 의도 등을 명확하게 정리하여 방대한 원작을 쉽고 빠르게 이해할 수 있게 해줍니다. ▶ 미국에서 리포트, 논술용으로 1억 부 이상 팔린 초베스트셀러의 명성에 비평적 사고와 논리적 글쓰기의 모델을 제시하는 〈一以貫之〉의 논술 노트를 통해 사고 능력, 읽기 능력, 쓰기 능력을 체계적으로 길러줍니다.

★ 〈一以貫之〉 논술연구모임: 대입 논술이 시작될 때부터 학원과 학교에서 논술을 가르쳐온 전문가들의 모임입니다. 현재 서울·분당·평촌·인천·광주·부산·울산 등의 유명 학원과 고등학교의 논술강의 현장에서 학생들이 '자신의 물음'과 '자신의 생각'을 갖고 '자신의 글'을 쓸 수 있도록 도와주고 있습니다.

## 다락원 명작노트 CliffsNotes™ 시리즈 50권 출간

001 걸리버 여행기   002 동물농장   003 허클베리 핀의 모험   004 호밀밭의 파수꾼   005 구약 성서

006 신약 성서   007 분노의 포도   008 빌러비드   009 이반 데니소비치의 하루   010 카라마조프 가의 형제들

011 순수의 시대   012 안나 카레니나   013 멋진 신세계   014 캉디드   015 캔터베리 이야기   016 죄와 벌

017 크루서블   018 몽테크리스토 백작   019 데이비드 코퍼필드   020 프랑켄슈타인   021 신곡

022 막대한 유산   023 햄릿   024 어둠의 심연 外   025 일리아드   026 진지함의 중요성   027 제인 에어

028 앵무새 죽이기   029 리어 왕   030 파리대왕   031 맥베스   032 보바리 부인   033 모비딕

034 오디세이   035 노인과 바다   036 오셀로   037 젊은 예술가의 초상   038 주홍 글씨   039 테스

040 월든   041 워더링 하이츠   042 레미제라블   043 오만과 편견   044 올리버 트위스트   045 돈키호테

046 1984년   047 이방인   048 율리시스   049 실낙원   050 위대한 개츠비

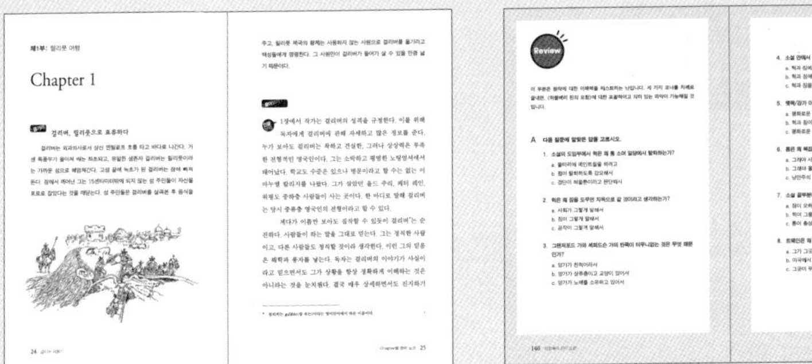

**작가 노트** | 작가에 대해 꼭 알아야 할 배경지식이 담겨 있습니다.

**작품 노트** | 작품의 개요, 전체 줄거리, 등장인물 등 작품 전반을 이해하는 데 필수적인 부분을 실어 놓았습니다.

**Chapter별 정리 노트** | 각 장의 '줄거리'와 '풀어보기'가 들어 있습니다. '줄거리'에서는 원작의 내용을 명쾌하게 파악할 수 있습니다. '풀어보기'에서는 원작에 담긴 문학적 경향, 주제, 상징 등을 다루었습니다.

**인물분석 노트** | 등장인물에 대한 보다 면밀한 분석이 들어 있습니다.

**마무리 노트** | 작품의 주제 등 보다 넓은 시각에서 작품을 볼 수 있도록 도와줍니다.

**Review** | 작품 이해도를 묻는 질문 코너입니다. 다양한 질문에 답하다 보면 작품에 대한 포괄적이고 의미 있는 파악이 가능해집니다.

**一以貫之 논술 노트** | 권말에는 일이관지 논술연구모임에서 작성한 해당 작품과 관련한 논술 노트가 실려 있습니다. 원작을 우리의 삶과 연계시켜 비판적 사고와 논리적 글쓰기의 방향을 제시합니다.

**실전 연습문제** | 해당 작품을 바탕으로 출제 가능성이 높은 논점을 함께 숙고해 봅니다.

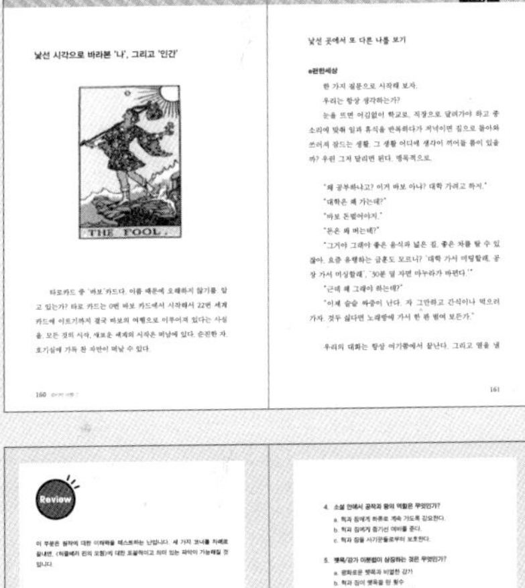

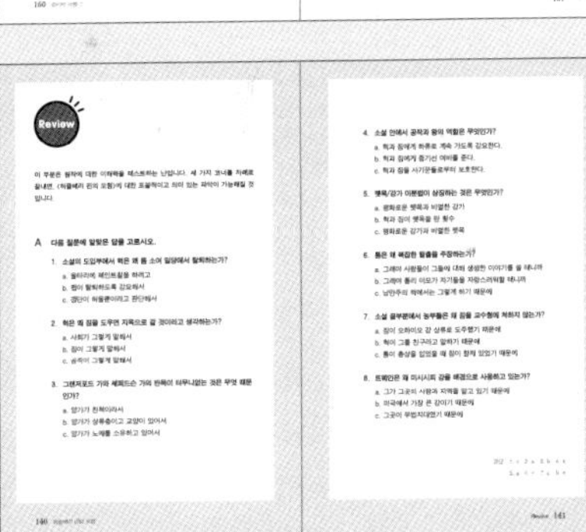

★ 변형 국판 ★ 각권 8,500원

# 영어 독해력 증강 프로그램
# 행복한 명작 읽기

〈행복한 명작 읽기〉는 기초가 약한 영어 초급자나 초, 중, 고 학생들이 보다 즐겁고 효과적으로 명작들을 읽으며 독해력을 키울 수 있도록 개발된 독해력 증강 프로그램입니다.

국판 | Grade 1, 2, 3 각권 6,000원(오디오 CD 1개 포함)
Grade 4, 5 각권 7,000원(오디오 CD 1개포함)
*어린왕자 8,000원(오디오 CD 2개 포함)
**고도를 기다리며 9,000원(오디오 CD 2개 포함)

## 책의 특징

1 골라 읽는 재미가 있다. 초보자를 위한 350단어 수준에서 중고급자를 위한 1,000단어 수준까지 5단계 구성.

2 단계별로 효과적인 영어 읽기 요령과 영문 고유의 참맛을 느낄 수 있는 장치가 곳곳에.

3 읽기만 해도 영어의 키가 쑥쑥 – 해석을 돕는 돼지꼬리( ), 영어표현 및 문법 설명, 퀴즈가 왕창.

4 체계적인 듣기 학습까지. 전문 미국 성우들의 생동감 넘치는 원음을 담은 오디오 CD 제공.

| Grade 1<br>Beginner | Grade 2<br>Elementary | Grade 3<br>Pre-intermediate | Grade 4<br>intermediate | Grade 5<br>Upper-intermediate |
|---|---|---|---|---|
| **350**words | **450**words | **600**words | **800**words | **1000**words |
| 1 미녀와 야수 | 11 이솝 이야기 | 21 톨스토이 단편선 | 31 오페라 이야기 | 41 센스 앤 센서빌리티 |
| 2 인어공주 | 12 큰 바위 얼굴 | 22 크리스마스 캐럴 | 32 오페라의 유령 | 42 노인과 바다 |
| 3 크리스마스 이야기 | 13 빨간머리 앤 | 23 비밀의 화원 | 33 어린 왕자* | 43 위대한 유산 |
| 4 성냥팔이 소녀 외 | 14 플랜더스의 개 | 24 헬렌 켈러, 나의 이야기 | 34 돈키호테 | 44 셜록 홈즈 베스트 |
| 5 성경 이야기 1 | 15 키다리 아저씨 | 25 베니스의 상인 | 35 안네의 일기 | 45 포 단편선 |
| 6 신데렐라 | 16 성경 이야기 2 | 26 오즈의 마법사 | 36 고도를 기다리며** | 46 드라큘라 |
| 7 정글북 | 17 피터팬 | 27 이상한 나라의 앨리스 | 37 투명인간 | 47 로미오와 줄리엣 |
| 8 하이디 | 18 행복한 왕자 외 | 28 로빈 후드 | 38 오 헨리 단편선 | 48 주홍글씨 |
| 9 아라비안 나이트 | 19 몽테크리스토 백작 | 29 80일 간의 세계 일주 | 39 레 미제라블 | 49 안나 카레니나 |
| 10 톰 아저씨의 오두막 | 20 별 | 마지막 수업 | 30 작은 아씨들 | 40 그리스 로마 신화 | 50 나에겐 꿈이 있습니다<br>−명연설문 모음 |

쉬운 영문을 통해 영어 독해에 대한 막연한 두려움을 없앤다

실력에 맞게 효과적으로 끊어 읽으며 직독직해 훈련을 한다.

영문판 원서 도전을 위한 전 단계의 준비과정이다.

**왕초보 기초다지기**

**실력 굳히기**

**영어의 맛** 제대로 느끼기